유튜버 행복골프 전코치의
한 달 만에 필드 나가기
프로젝트

유튜버 행복골프 전코치의
한 달 만에 필드 나가기
프로젝트

전은규 지음

매일경제신문사

행복골프 전코치의 특명!
'한 달의 시간을 투자하자'

안녕하세요. 행복골프 전코치, 전은규입니다. 제가 골프를 시작한 것이 엊그제 같은데, 벌써 15년이라는 시간이 흘렀습니다. 골프를 치기로 마음먹고 매일 연습했더니 어느새 세월이 그만큼 지났네요. 시간이 지날수록 점점 더 골프에 빠져들었고, 지금까지도 골프가 좋아서 매일 꾸준히 골프를 치고 있습니다.

15년이라는 시간 동안 약 100명의 프로선수에게 레슨을 받았습니다. 더 잘 치고 싶어서, 꾸준히 레슨을 받았습니다. 레슨비만 거의 1억 원을 썼을 정도로, 골프에 대한 열정은 누구보다 강하다고 자부할 수 있습니다. 열정적으로 많은 프로선수에게 골프를 배우다 보니, 그들의 기법에 저만의 노하우가 더해져 제법 괜찮은 골프 팁도 생겼습니다.

배운 것을 혼자만 알고 있기에는 아까웠습니다. '골프를 잘 칠 수 있는 비결을 모아서 책을 내보자!' 이런 생각에 이르자 마음이 급해졌습니다. 제가 좀 성격이 급하거든요. 그런데 여러분의 시간도 아껴드리고 싶었습니다. 바쁜 시간을 쪼개 골프 연습을 하실 텐데 그간 제가 축적한 골프 비결을 알려드리는 시간도 좀 줄여드리고 싶어졌습니다.

그래서 책의 콘셉트를 '한 달 만에 필드 나가기 프로젝트'로 구상했습니다. 골프채 한 번 안 잡아본 왕초보자라고 할지라도 말입니다. 골프의 기본인 퍼터, 쇼트게임만 제대로 알아도 필드에 나가는 데 전혀 무리가 없게 만들어드리고 싶었습니다.

《유튜버 행복골프 전코치의 한 달 만에 필드 나가기 프로젝트》, 이 한 권에는 프로골퍼 100명의 노하우가 녹여져 있습니다. 거기에 저, 전코치의 비결도 더해서 완성되었습니다. 이 책의 내용 그대로 딱 한 달만 따라 오신다면 최소 5타에서 최대 10타까지 줄일 수 있습니다. 골프를 쳐보신 분들은 아실 것입니다. 점수 1타를 줄이는 것도 얼마나 어려운 일인지를 말입니다.

제 주변에는 10년을 넘게 쳐도 계속 '백돌이(100타 이상을 치는 골프 실력 초보자)'인 사람이 있습니다. 남의 말에 귀를 잘 기울이지 않고 자기 고집대로만 연습하다가 실력 향상이 안 된 경우입니다. 나쁜 습관을 교정하지 않고 자기 스타일대로 계속 친다면 실력은 절대로 향상될 수 없습니다.

백돌이가 90대로, 90대가 80대로, 80대로 70대의 싱글 플레이어로 가는 노하우를 이 책에 담았습니다. 어떠신가요? 상상만 해도 설레지 않으십니까? 제 말대로 딱 한 달만 시간을 투자해보세요. 달라지는 골프 실력에 골프가 훨씬 더 재미있어지실 것입니다.

이제 골프는 남녀노소를 가리지 않습니다. 유치원생뿐만 아니라 초등학생들도 방과 후 키즈골프 수업을 받습니다. 키즈골프는 일명 스너그 골프(Snug Golf)라고 불리는 미니게임으로 미국에서는 이미 대중화되어 있습니다. 위험하지 않게 실제 골프채가 아닌 플라스틱 채와 테니스공으로 플레이를 합니다.

저는 영어키즈골프아카데미를 프랜차이즈화하려고 준비 중입니다. 키즈골프도 유망하지만, 거기에 영어가 가능한 내외국인 프로선수를 강사로 영입해서 골프와 영어를 동시에 배운다면 시너지 효과가 클 것입니다. 우선 거주지 근처인 하남에 문을 열고 강동, 송파, 강남, 서울, 동탄, 제주 등으로 가맹점과 직영점을 늘려나갈 예정입니다.

제 유튜브를 통해 키즈골프 관련 영상도 꾸준히 올릴 예정이니 사업에 관심이 있거나, 키즈골프에 관심이 있는 학부모들은 꼭 시청해주시길 바랍니다.

유튜버 행복골프 전코치의
한 달 만에 필드 나가기 프로젝트

2023년 초, 겨울에 태국 방콕 타나시티 CC를 방문했습니다. 14번 홀 파5에서 180m 남기고 5번 아이언으로 앨버트로스를 기록했습니다.

　　거리가 꽤 있어서 저는 못 봤고 캐디가 감탄하며 소리를 질러서 알았습니다. 깃대를 맞고, 덩크슛처럼 바로 홀로 들어갔다고 합니다. 그간 16년 골프경력에도 홀인원을 못해본 우울함을 이것 한 방으로 다 날릴 수 있었습니다.

　　해외골프의 장점은 우리나라처럼 산지를 개발한 골프장이 아니라, 평지의 골프장이어서 난이도가 낮아 스코어가 잘 나온다는 점입니다. 겨울마다 여유가 된다면 꼭 일주일이라도 다녀오길 바랍니다. 하루에 두 게임도 가능할 정도로 날씨가 좋습니다.

　　저는 집에 골프존을 마련하고 실내골프 프로그램을 설치해서 매일 연습하고 있습니다. 곧 실내골프 연습장을 서울에 오픈할 예정입니다. 일단 2023년에 1호점 개장하고, 그다음 해에는 2호점, 총 3호점까지 오픈할 계획입니다. 앞으로 10만 유튜버 행복골프 전코치이자, 대박땅꾼 전은규를 주목해주시길 바랍니다.

유튜버 행복골프 전코치
전은규

CONTENTS

왕초보 준비 1주 차
스크린에서 시작하는 골프 입문!

왕초보 준비 2주 차

아이언 실전으로 골프 시작하기!

CONTENTS

왕초보 탈출 4주 차
전코치의 실전 강화로 필드 나가기!

스크린에서 시작하는
골프 입문!

왕초보,
스크린에서 퍼터로 시작하기

이제 갓 골프에 입문하신 왕초보분들! 일명 '골린이(골프+어린이)'라고도 합니다. 두근거리는 마음으로 골프를 배우려고 왔지만, 무엇부터 시작해야 할지 골치가 벌써 아프시지요? 걱정하지 마세요. 지금부터 저, 행복골프 전코치의 레슨을 딱 한 달만 그대로 따라 오시면 골프에 자신감이 생기실 것입니다.

제가 자신 있게 제안해드리는 것은 '왕초보 골퍼도 한 달 만에 필드 나가기 프로젝트'입니다. 왕초보란 골프채도 아직 제대로 안 잡아본 사람도 포함합니다. 당연히 공을 쳐본 적도 없는 사람도 괜찮습니다. 골프의 '골' 자도 잘 모르는, 이제 막 골프에 입문한 사람이 저의 비법만 잘 따라 하신다면 한 달 안에 필드에 나갈 수 있습니다.

그게 정말 가능하냐고요? 1년도 아니고 딱 한 달이라고요? 됩니다. 물론 한 달 동안 꾸준히 집중하고 열심히 하셔야 합니다. 독학으로 골프 연습을 하는 것보다 저와 함께하신다면 훨씬 수월하게 골프 왕초보를 탈출하실 수 있습니다. 그러면 1주 차부터 시작해볼까요?

동네 스크린골프장을 등록, 공략하라

'골프'를 쳐야겠다고 마음먹는 순간 여러분 머릿속에는 광활한 필드가 자연스럽게 연상되실 것입니다. 지인들과 함께 교외에 있는 골프장을 찾아 기분을 전환하는 모습, 푸른 잔디를 사뿐히 걸으며 샷을 날리는 멋진 자세, 생각만 해도 설레시지요?

그런데 막상 필드에 나가자니 뭔가 망설여집니다. 덜컥 겁부터 나지요. 이제 막 채를 잡기 시작해 실력도 준비되지 않은 상태라는 것이 마음에 걸립니다. 채를 종류별로 마련해서 잡아보기는 했는데 연습장에서 손이 덜덜 떨려옵니다. 괜히 같이 골프를 치는 파트너들에게 실력 차이로 민폐를 끼칠 것 같아 두렵습니다.

'난 언제쯤 필드에 나갈 수 있지? 이 실력으로는 도저히 무리야!'

자괴감이 밀려오면서 연습이고, 게임이고 다 집어치우고 집에 가서 편히 쉬고 싶은 생각까지 듭니다. 필드를 나가보고 싶은 마음은 굴뚝 같아도 선뜻 실행에 옮길 수가 없습니다. 자신감이 없으니까요. 몇 번 고민만 하다가 그대로 골프채를 썩히는 경우도 더러 있습니다. 거실이나 현관에 장식용으로 남아 있기도 합니다.

뭔가를 이뤄내려면 단계를 차근히 밟아야 합니다. 골프도 마찬가지입니다. 초보자가 꼭 알아야 할 것을 건너뛰고 자꾸 엉뚱한 연습만 하니까 실력이 늘지 않는 것입니다. 그러면서 실력이 늘지 않는 자신만 탓하게 됩니다. 괜히 골프채를 탓하고, 자신의 컨디션을 탓하게 되는 것이지요.

실력이 늘지 않는 것은 여러분의 탓이 아닙니다. 제대로 된 방법만 마스터한다면 실력은 짧은 시간 안에도 크게 늘 수 있습니다. 저는 그것을 실현할 구체적인 방법을 잘 알고 있는 사람이고요. 그렇다면 어떻게 해야 골프 실력을 한 달이라는 짧은 시간 안에 늘릴 수가 있을까요?

우선 연습하는 장소가 중요합니다. 저는 굳이 처음부터 필드에 나갈 필요가 없다고 생각합니다. 초보자라면 실내골프장, 즉 야외골프장부터 찾을 필요 없이 동네에 흔히 있는 스크린골프장부터 등록하라고 권합니다.

요즘은 동네마다 멀지 않은 곳에 실내골프장인 스크린골프장이 참 잘 되어 있습니다. 예전에는 벽만 보고 치는 곳이 많았지만, 지금은 스크린이 다 설치되어 있어 자기가 친 공이 몇 미터 날아갔는지 실시간으로 체크하며 즐길 수 있습니다. 카메라도 설치되어 있어 자세교정과 같은 복습 차원에서도 아주 좋습니다.

스크린골프장은 어디로 가면 좋을까요? 요즘 많이 생기고 있는 GDR과 카카오골프는 메이저가 운영하는 스크린골프장이라서 이용금액이 상대적으로 높은 편입니다. 만약 높은 이용금액이 부담스러우신 분들은 중소기업 브랜드가 운영하는 스크린골프장을 활용하셔도 좋습니다.

GDR _ http://gdr.golfzon.com

(출처 : GDR아카데미)

GDR은 'GDR아카데미'라는 직영점을 운영하고 있습니다. 골프존이 인증한 프로선수의 골프 레슨도 받을 수 있어 체계적인 1대1 레슨을 받을 수 있습니다. 전국 80여 개의 직영매장이 운영되고 있고, 1일 1회, 60분 이용할 수 있습니다. GDR 앱을 통해 원하는 매장과 시간, 타석, 레슨 일정을 결정해 예약하고 방문하면 대기하지 않고 바로 골프 연습을 시작할 수 있습니다. 또한, AI 진단 기능을 통해 스윙을 분석하고 개선할 수 있습니다.

예약 없이 방문할 때는 매장 입구의 키오스크에서 이용할 타석을 선택하고 GDR 앱 안에 있는 QR코드로 로그인해서 바로 골프 연습을 시작합니다.

만약 준비한 골프클럽이 없다면 매장에서 대여도 가능하므로 간편하게 골프 연습을 진행할 수 있습니다.

(출처 : 프렌즈아카데미)

'누구나 쉽고 즐겁게 골프를 즐기고 함께 플레이하는 문화를 만드는 것'
이 카카오VX가 추구하는 것입니다. 카카오VX는 골프용품, 필드 정보, '프
렌즈아카데미', '프렌즈스크린'이라는 브랜드의 스크린골프장 등 다양한
골프사업을 벌이고 있습니다.

'프렌즈스크린'이라는 스크린골프는 정교한 카메라, 정확한 물리 구현,
스마트한 기록 관리 등을 통해 고객의 골프 실력 향상을 도와주고 있습
니다.

스크린골프 화면인 '프렌즈스크린R'은 골프 새싹부터 프로까지 모두 연
습할 수 있는 나양한 기능을 세공합니나. 멀티 느라이빙 레인시 연습상무
터 9홀 플레이까지 즐길 수 있으니 자신에게 맞는 스크린을 선택해 연습

하시면 됩니다.

GDR이나 카카오VX의 경우, 3개월 단위나 1년 단위로 등록을 하시면 금액 할인을 많이 적용받으실 수 있습니다. 골프는 특히 '시즌기', '비시즌기'가 있습니다. 여름이나 겨울처럼 덥거나 추운 비수기에는 스크린골프장에서 이벤트 행사를 많이 합니다. 이러한 이벤트 행사를 잘 활용하면 더욱 저렴한 금액으로 즐겁게 이용하실 수 있습니다.

초보자분들 가운데 간혹 이런 질문을 하시는 분들이 계십니다.

"비싼 금액을 지불하고 프로님들에게 배워야 하나요?"

레슨 프로, 정규 프로, 세미 프로들에게 돈을 일정액 지불하고 골프를 배우면 분명 실력은 올라갈 수 있습니다. 하지만 초보자들이 비싼 금액을 지불하는 것은 솔직히 부담스러운 일이지요.

저는 감히 말합니다. 이 책을 통해 저를 한 달만 잘 따라 오시면 골프 초보 티가 나는 것은 벗어날 수 있다고요.

골프를 시작하려고 마음먹었다면, 제일 먼저 동네 스크린골프장을 등록하세요. 그리고 이제부터 저와 함께 한 달을 매일 저와 함께 레슨을 하신다면 스크린골프장을 벗어나 필드로 나가실 수 있습니다.

제 유튜브 채널 〈행복골프 전코치〉 영상을 스마트폰으로 시청하시면서 연습하시는 것도 큰 도움이 되실 것입니다.

〈행복골프(대박골퍼) 전코치〉 유튜브 홈

▶ 구독, 좋아요, 알림설정 감사합니다.

행복골프훈련소 전코치
@happygolfcochi 구독자 566명 동영상 111개
♣ 행복골프훈련소 전코치 랑 함께하는 쉽고 간단한 골프 배우기 ›

구독

홈   동영상   SHORTS   재생목록   커뮤니티   채널   정보   🔍

사무실에 스크린 골프장이 있다구?! 1편 | 행복골프 전코치
조회수 77,459회 · 2년 전
#대박골퍼 #전코치 #GTS #GTS스크린골프
안녕하세요, 대박골퍼 전코치입니다^^

즐거운 주말 잘 보내고 계신가요?
오늘은 이미 지난 영상에서 보셨겠지만,
GTS 스크린 골프를 설치한 제 사무실 한켠에 마련된...
자세히 알아보기

───────────── ⛳ ─────────────

퍼터의 종류 : 블레이드형, 말렛형

　왕초보 골프 입문자들은 처음부터 큰 채를 잡을 필요가 없습니다. 간단한 '퍼터'부터 시작하시면 됩니다. 어르신들이 게이트볼을 치는 것처럼 편안하게 치면서 흥미를 느낄 수 있는 것이 바로 퍼터입니다. 그러다 자신감이 붙으면 점점 긴 채로 업그레이드하면 됩니다. 퍼터의 길이가 길어질수록 치기가 어려워집니다. 그렇다고 조급한 마음을 가질 필요는 없습니다. 천천히, 편안한 마음으로 잘 따라 오시면 됩니다.

　퍼터는 크게 두 가지 종류가 있습니다. '블레이드형'이라고 하는 일자형의 직사각형 퍼터가 기본형입니다. 요즘 유행하는 퍼터는 기본 네모에 약간 삐져나온, 일명 '박인비 퍼터'라고 하는 '말렛형'의 반달 모양의 퍼터입니다. 말렛형 퍼터는 뒤가 나와 있어서 안정감이 느껴집니다. 개인적으로 초보자들에게 추천하는 퍼터이기도 합니다.

두 가지 퍼터를 소개해드렸다고 해서 풀세트로 다 갖출 필요는 없습니다. 요즘 스크린골프장에 가면 다 준비가 되어 있습니다. 하루 연습을 해보고 자기에게 잘 맞는 퍼터를 구매하시면 됩니다. 너무 비싼 퍼터를 사실 필요는 없고, 저렴한 2~3만 원대의 퍼터를 구매하시면 됩니다. 한 달이라는 시간 동안 집에서도 연습하는 시간이 필요하니 하나 정도는 구매해서 준비하시길 바랍니다.

블레이드형 퍼터

말렛형 퍼터

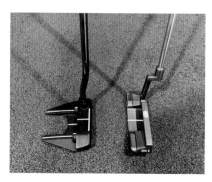
말렛형 퍼터와 블레이드형 퍼터 비교

🟢 왕초보도 이해하기 쉬운 전코치의 골프 기본 상식!

'퍼터'(Putter)란?
그린에서 홀컵으로 공을 넣기 위해 마지막으로 사용하는 클럽입니다. 200m 드라이버도 1타, 1m 퍼팅도 1타이기 때문에 어느 정도 실력이 향상되면 결국 퍼터 싸움이 됩니다. 퍼터는 헤드 형태에 따라 일자형의 '블레이브형'과 반달형의 '말렛형'이 있습니다. 퍼터의 종류도 다양하지만, 퍼터의 그립 형태도 다양해서 본인의 스윙에 최적화시킬 수 있는 그립을 만들고 퍼터를 구매하셔야 합니다.

골프채 기본 용어
골프채는 클럽 헤드, 샤프트, 그립 이 세 부분으로 구성
① 헤드 : 골프채의 머리 부분
② 샤프트 : 클럽의 자루. 스틸 또는 그래파이트로 되어 있음.
③ 그립 : 클럽 끝부분에 있는 고무, 가죽으로 된 손잡이 부분

홈 연습방법

자신에게 맞는 퍼터를 하나 구하셨다면, '퍼터 연습기'라는 것을 구매하셔서 집에서 연습하면 좋습니다.

퍼터 연습기는 수동제품의 경우, 2~3만 원 정도 하고 자동제품의 경우는 5~6만 원 정도 합니다. 자기에게 맞는 제품을 구매하셔서 집의 거실이나 방에 퍼터 연습기를 설쳐놓고 퍼터로 연습하시면 됩니다. 약 2m 정도의 공간만 확보된다면 집에서도 충분히 퍼터를 치는 연습을 하실 수가 있

습니다.

퍼터 2~3만 원, 퍼터 연습기 2~3만 원 정도만 투자한다면 한 달이라는 시간 동안 골프 왕초보 퍼터 치기를 충분히 마스터하실 수 있습니다.

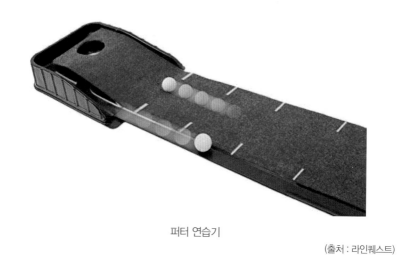

퍼터 연습기

(출처 : 라인퀘스트)

퍼터 잡기, 거리에 따른 연습

자, 이제 퍼터를 잡는 방법을 알려드리겠습니다. 퍼터를 칠 때는 골프 장갑을 벗으셔야 합니다. 왜냐면 퍼터는 골프공을 홀컵에 넣는 장비이므로 상당히 민감한 채이기 때문입니다. 다른 채는 장갑을 끼지만 퍼터를 칠 때는 맨손으로 칩니다. 맨손으로 쳐야만 퍼터에서 전달되는 감각을 온전히 느끼실 수가 있습니다.

퍼터를 잡으려면 먼저 오른손을 밑으로 잡고 왼손을 그대로 옆으로 올려놓습니다. 왼손 두 번째 손가락을 길게 뻗고 치시면 됩니다.

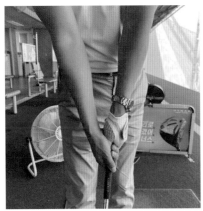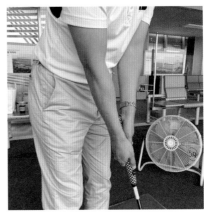

퍼터 잡을 때 손의 기본자세

퍼터 잡는 손의 자세를 점검하셨다면 이번에는 퍼터를 칠 때의 몸의 자세를 점검해보겠습니다.

보통 초보자들은 퍼터를 칠 때 무릎을 안 굽히고 서 있는 경우가 많습니다. 어정쩡하게 서 있기만 하면 불안한 자세로 공을 잘 맞힐 수가 없습니다.

제대로 자세를 잡으려면 엉덩이를 뒤로 살짝 빼야 합니다. 골프는 항상 무릎을 살짝 구부리고 엉덩이를 빼야 한다는 점을 잊지 마세요.

처음 잘못 배운 자세를 나중에 교정하기란 정말 어렵습니다. 골프는 어디까지나 '일관성'이 가장 중요합니다. 자세도 처음 배울 때 제대로 배워야 합니다.

골프는 조그만 근육을 쓰는 운동이 아니고 큰 근육을 쓰는 운동입니다. 어깨로 움직인다는 느낌으로 퍼팅을 해야 합니다. 손목만 까딱 움직이는 느낌으로 치시면 안 됩니다.

자세를 점검하는 방법은 퍼터를 치는 모습을 동영상으로 촬영해서 나중에 다시 보는 것입니다. 객관화해서 자신의 모습을 본다면 잘못된 부분이 바로 보일 것입니다. '제대로 된 자세를 똑같이 유지하는 것'을 꼭 지켜주세요.

퍼터 잡는 자세를 익혔다면 거리에 따른 연습을 시작해보겠습니다. 퍼터는 총 3가지를 연습하면 됩니다. 3m, 5m, 10m만 익히시면 나중에 필드

퍼터 칠 때 몸의 기본자세

에 나갈 때 몸이 기억합니다.

필드에 나가면 캐디가 "몇 미터 남았습니다"라고 말해줍니다. 그때 배운 대로, 몸이 기억하는 대로 치시면 됩니다.

3m 연습하기

자, 그러면 3m부터 쳐볼까요? 발 넓이는 어깨 정도 벌린 상태에서 발 하나 정도를 더 가깝게 붙이는 느낌으로 좁혀서 섭니다. 즉, 일반적인 퍼터 자세가 본인의 어깨너비라면 3m 거리를 칠 때는 양발을 조금 좁혀서 서는 느낌으로 서시면 됩니다.

스윙 크기도 발과 발 사이에서 왔다 갔다 하는 느낌으로 하시면 됩니다. 어떤 분은 3m 칠 때 퍼터를 한참 몸 옆으로 빼시는 분들이 있습니다. 그러면 좋은 퍼팅이 될 수 없습니다.

특히 퍼터는 쓰는 동작에 맞는 최소한의 근육을 쓴다는 느낌으로 절제하는 자세를 잡으려는 노력이 필요합니다. 나머지 몸은 불필요하게 움직이지 말고 팔 위주로 움직여 정확하게 홀컵을 향해 공을 쳐야 합니다.

다리 고정, 머리 고정, 팔만 살짝 움직이는 느낌으로 3m 퍼팅을 연습하시면 됩니다.

간혹 성격이 급하신 분들은 공이 제대로 들어갔는지 궁금해서 치고 나서 바로 머리를 드시는 경우가 있습니다. 그렇게 되면 몸도 같이 들려서 들고 있는 채도 같이 들립니다. 일명 '헤드업'이라고 하는데 초보자들이 가장 많이 저지르는 실수 중 하니입니다. 그렇게 되면 공이 제대로 들어가지 않고 빗나갑니다.

3m처럼 짧은 퍼팅에서는 공을 치고 난 다음에 몸을 움직이면 안 됩니다. 공을 보고 싶은 마음이 들어도 다 끝날 때까지 보지 마세요. 정 보고 싶으면 치고 나서 살짝 곁눈질하는 정도로 자제하시길 바랍니다. 예전에 박세리 선수가 그것을 잘했다고 하더군요. 치고 나서 살짝 노려보기 말입니다.

⊙ 왕초보도 이해하기 쉬운 전코치의 골프 기본 상식!

'헤드업' (Head Up)
골퍼가 볼을 치기 위해 백스윙 탑을 만들고 볼을 치기도 전에 머리를 타깃 방향으로 휙 고개를 돌려버리는 행위. '헤드업을 하지 마라' 라는 의미는 스윙의 임팩트 이후에도 시선과 머리를 공에 고정해야 한다는 뜻입니다.

5m 연습하기

3m가 끝나면 이제 5m를 쳐볼까요? 5m 이상부터는 발을 자기 어깨만큼의 넓이로 편안하게 벌립니다.

3m의 경우는 스윙이 발 사이에서 왔다 갔다 하지만 5m는 한 발 더 멀리 나가 있어 스윙 크기가 더 커집니다. 자동으로 거리도 더 멀리 나가게 됩니다. 엉덩이 뒤로 빼고 고개를 살짝 들고 5m 퍼팅을 해봅니다. 이번에도 공이 나가는 것을 의도적으로 보지 않습니다. 정 보고 싶으면 곁눈질로 봅니다. 이게 가장 이상적인 퍼터의 기본자세입니다.

10m 연습하기

마지막으로 10m는 발에서 약간 바깥으로 채를 빼는 느낌으로 칩니다.

3m는 폭을 살짝 좁힌 발 사이에서 왔다 갔다 하는 느낌이라면, 5m는 어깨너비에서, 10m는 좀 더 몸 밖에서 스윙하는 것입니다. 그러면 충분히 2배 정도의 거리로 공이 나가게 됩니다.

10m 퍼팅은 상당히 거리감이 있어 홀컵에 넣기가 쉽지 않습니다. 필드에서 한다면 더욱 그렇겠지요. 하지만 미리 스크린 연습장에서 연습하고 간다면 충분히 극복하실 수 있습니다.

🏌 왕초보도 이해하기 쉬운 전코치의 골프 기본 상식!

골프의 점수

보통 프로들이 치는 스코어를 '언더파'라고 합니다. 초보들은 '백돌이'라고도 하는데, 골프 고수가 60대를 친다면 레슨 프로는 70대, 중수는 80~90대, 초보자는 100대를 쳐서 백돌이라고 부릅니다. 그래서 스코어를 점점 낮추는 게임이 골프이고, 점수가 낮을수록 고수라고 보시면 됩니다.

· 언더파(Under Par) - 파보다 적은 타수. 1언더파는 '버디', 2언더파는 '이글', 3언더파는 '앨버트로스'라고 한다.
· 오버파(Over Par) - 기존 타수보다 많이 쳐서 끝내는 것

쇼트게임 레슨에
투자하기

퍼터를 마쳤으니 이제 쇼트게임에 대해 알아볼까요?

쇼트게임은 온 그린을 못 한, 즉 그린 주변에 10m부터 길게는 30m 이상 남았을 때 합니다. 일명 '어프로치'라고도 하지요. 쇼트게임을 잘해야 100타 안쪽으로 들어올 수 있습니다. 백돌이에서 벗어날 수 있는 지름길이기도 합니다.

80타 정도를 치는 중수들도 그날의 컨디션에 따라 간혹 90대를 넘어서 치는 경우가 있습니다. 이러한 점수의 높고 낮음을 결정하는 것이 바로 쇼트게임입니다.

골프에서 안정적인 실력을 유지하고 싶다면 꼭 쇼트게임을 마스터해야합니다. 쇼트게임을 마스터하려면 매일매일의 연습이 필수입니다.

여기서는 쇼트게임에서 초보자들이 사용하면 좋은 채와 자세 잡기를 알려드리고, 초보자들이 제일 많이 저지르는 실수에 대해 알려드립니다.

쇼트게임할 때 사용하는 채는?

두 개의 채를 준비해봤습니다. 채를 자세히 보면 52도, 56도라고 쓰여 있습니다. 52도는 'A', 어프로치의 약자이고, 56도가 보통 샌드웨지의 약자, 'S'라고 표기되어 있습니다.

표기된 숫자가 높을수록 공이 잘 뜬다고 보시면 됩니다. 그 이유는 채를 봤을 때 채의 각도가 눕혀 있는데 공이 채의 각도대로 똑같이 가기 때문입니다. 52도는 56도보다 덜 눕혀 있습니다. 그만큼 덜 뜨고 굴러가는 양이 많아진다는 뜻입니다.

초보자의 경우 'S'가 표기된 56도의 채만 가지고 다닙니다. 사실 공을 띄우는 샷보다 굴리는 샷이 점수를 낼 확률이 더 높습니다. 그래서 퍼터를 하는 것이 중요합니다. 52도와 56도 채를 둘 다 사용해서 연습해보시기 바랍니다.

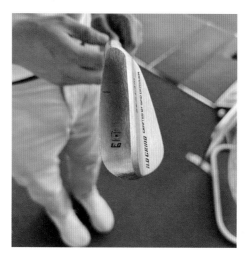

48도

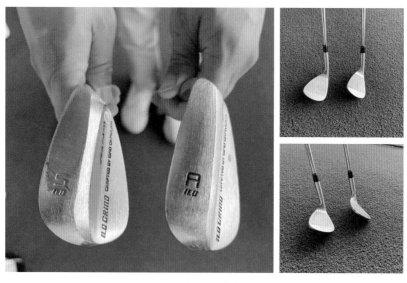

56도와 52도 채 비교

유튜버 행복골프 전코치의
한 달 만에 필드 나가기 프로젝트

쇼트게임

쇼트게임은 '스코어링 게임'이라고도 합니다. 대체로 100m 이내에서 이뤄지는 샷과 퍼팅을 말하는 것입니다. 쇼트게임을 못 하면 점수의 등락 폭이 커지면서 나쁜 스코어를 기록하게 됩니다.

쇼트게임은 크게 두 가지로 구분할 수 있는데, 어프로치 샷과 퍼팅입니다. 어프로치 샷은 가지고 있는 채의 각도와 공략해야 할 그린 핀의 위치에 맞게 샷을 합니다. 여러 가지 상황들이 발생할 수 있으므로 초보자들은 꾸준한 연습이 필요합니다.

퍼팅은 골프 경기의 마무리를 하는 것인데, 초보자의 경우 퍼팅에서 많은 실수를 저질러 점수를 떨어뜨립니다. 실수를 줄이기 위해서는 거리에 대한 감각을 키워야 하고 3m, 5m, 10m 등 거리를 조절하면서 연습을 하면 많은 실력 향상을 기대할 수 있습니다.

쇼트게임 자세 잡기

쇼트게임을 할 때 채는 어떻게 잡아야 할까요?

퍼터는 오른손부터 채를 잡았지만, 쇼트게임을 할 때는 채를 왼손부터 올리시고 그 위에 오른손을 덮는 느낌으로 잡으시면 됩니다. 야구 배트, 방망이를 잡는 그립 모양이라서 '베이스볼 그립'이라고도 합니다.

저는 그 상태에서 손을 살짝 올리는 모양을 추천합니다. 어떤 분들은 손이 분리되지 않게 너무 꽉 채를 집는 분들이 계시는데, 그렇게 하면 손이 아플 수가 있습니다.

오른손 새끼손가락을 왼손에다 걸치는 것, 그 모양이 쇼트게임에서 제일 많이 쓰는 방법입니다.

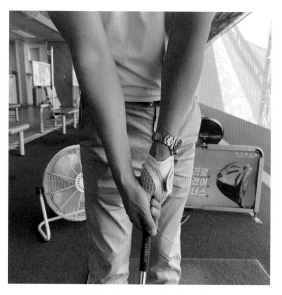

쇼트게임 채 잡는 손의 기본자세

어프로치 쇼트게임에서 가장 가까운 거리는 10m입니다. 그래서 다리 벌릴 때 굳이 넓게 벌리실 필요는 없습니다. 20m, 30m도 어깨너비 정도로 양발을 벌리셔서 자세를 잡으시면 됩니다. 10m는 가깝기 때문에 퍼터에서 3m의 거리를 연습할 때처럼 다리를 살짝 붙이셔도 됩니다.

여기서 잠깐, 퍼터를 칠 때와 다른 점이 있습니다. 퍼터는 오른쪽, 왼쪽 다리의 힘의 배분을 거의 5대5로 하는 느낌이라면, 쇼트게임을 할 때는 오른쪽이 2, 왼쪽 다리가 8 이상으로 힘을 배분하시면 됩니다. 오른쪽이 1,

왼쪽이 9가 될 때도 있습니다. 오른발이 가볍게 들어도 될 정도로 왼발에 힘을 실어주는 것이 중요합니다. 그렇게 하는 이유는 바로 '뒤땅 방지'를 위해서입니다.

뒤땅 방지하기

'뒤땅'은 초보자들이 가장 많이 저지르기 쉬운 실수입니다. 골프공을 칠 때는 공과 바닥이 동시에 맞아야 합니다. 그런데 초보자들은 바닥을 먼저 때리고 공을 그 뒤에 치는 경우가 있습니다. 그것이 바로 뒤땅입니다.

그렇게 되면 10m를 공을 보내고 싶어도 고작 1m만 가게 됩니다. 공에 가해져야 할 힘이 바닥부터 먼저 치고, 분산되기 때문에 그런 어이없는 결과가 나오게 되는 것입니다.

뒤땅을 방지하기 위해 쇼트게임에서 항상 강조하는 것이 '왼발에 힘을 실어놓으라' 하는 것입니다. 처음부터 끝까지 왼발에 힘이 실려 있어야 하는데 균형을 잃어 쓰러질 정도로 힘을 실으면 안 됩니다. 적당하게 2대8의 비율로 왼발에 힘을 실어 쇼트게임을 진행해야 합니다.

가장 중요한 임팩트 순간에는 체중이 왼발에 실려야 합니다. 오른발에 체중이 많이 남거나 오른쪽 어깨가 너무 처질 때에도 뒤땅이 발생합니다. 골퍼들이 실수한 샷의 70%가 뒤땅이라는 말이 있을 정도로 뒤땅은 흔히 발생합니다.

뒤땅이 생기면 스윙과 그립을 주로 탓하는데, 실제로 주원인은 하체에 있습니다. 뒤땅을 교정하기 위해서는 먼저 하반신을 강하게 해야 합니다. 체중을 부드럽게 이동하면서 왼발에 체중이 남지 않도록 치면 뒤땅이 발생하지 않습니다.

뒤땅을 치면 1타를 더 쳐야 하고 다음 샷에도 나쁜 영향을 미치게 됩니다. 하지만 뒤땅을 쳤다고 해서 쉽게 동요하지 말고 마음을 편안히 유지해야 합니다. 더 잘 치고 싶은 욕심 때문에 실수도 빈번하게 나올 수 있는 것이니까요.

골프는 첫째도 자세, 둘째도 자세입니다. 뒤땅을 방지하려면 기본자세를 잘 유지하는 것이 중요합니다.

골프 뒤땅의 원인

· 스윙 스피드가 너무 느린 경우
· 다운스윙 스타트에서 손목이 빨리 풀리는 경우
· 체중이 오른발에 남는 경우
· 볼 위치가 왼발에 있는 경우
· 백스윙할 때 왼팔을 너무 많이 구부린 경우

스윙 스피드가 너무 느린 경우에도 뒤땅이 발생합니다. 뒤땅을 방지하려면 스윙을 리듬감 있게 한다는 마음으로 해야 교정이 쉽게 됩니다.

초보자들은 가뜩이나 긴장해서 자신의 골프 자세가 어떻게 나오는지 걱정을 너무 많이 합니다. 그중 자신감이 제일 떨어지는 자세가 백스윙할

기본 어드레스 자세

때입니다. 백스윙이 어색하면 경기에 집중력이 떨어지고 마음이 불안해져 바로 실수가 튀어나옵니다.

자세교정도 중요한 만큼 심리적 안정감을 유지하는 것도 중요합니다. 어드레스를 할 때, 볼을 보지 않고 목표 지점을 향해 스윙하는 자신감이 뒤땅을 방지합니다.

자신감을 기르기 위해서는 무엇보다 연습이 필요합니다. 연습장에서 공을 중앙에 두고 반복적으로 공을 치는 연습을 하셔야 합니다. 그러면 실수가 나와도 문제점이 무엇인지 알 수가 있고, 꾸준한 연습 끝에 자신감도 붙습니다.

쇼트게임 연습하기 : 10m, 20m, 30m

골프는 엉덩이를 살짝 뒤로 뺀다는 점을 염두에 두고 자세를 잡아보세요. 드라이버는 채가 길어서 약간 서서 치는 느낌이지만, 쇼트게임이나 퍼터를 칠 때는 약간 엉덩이를 뒤로 빼고 자세를 잡습니다.

먼저 공을 치기 전에 항상 빈스윙을 먼저 하시고 감을 잡아보는 것이 중요합니다. 그다음에 집중해서 공을 칩니다. 살살 쳤다고 생각해도 공이 생각보다 더 멀리 나갈 수가 있습니다. 그럴 때는 더 살살 쳐야 합니다.

왼발에 체중을 싣지 않는 경우, 뒤땅이 발생할 수 있으니 항상 다리의 체중 분배에 신경 쓰셔야 합니다.

GDR이나 카카오VX 등에서 운영하는 스크린골프장의 시스템은 거의 같습니다. 그러니 스크린을 보면서 내가 친 공이 몇 미터가 나가는지, 뒤땅이 발생하는지 체크하면서 연습하시면 됩니다.

초보자가 쉽게 왕초보를 탈출하는 방법은 쇼트게임과 퍼터를 잘 치는 것입니다. 이 두 가지만 잘한다면 필드에 나가실 수가 있습니다.

10m 쇼트게임을 하셨다면 다음으로 20m에 도전해봅니다. 20m를 칠 때는 스윙 크기를 좀 조절하면 됩니다. 10m를 칠 때 채를 든 높이를 두 배 정도 늘리면 자연스럽게 20m가 나갑니다.

다른 점이 있다면, 10m는 어깨너비보다 한 발 안으로 발 모양을 잡아야 하고, 20m는 기본 세팅 자세인 어깨너비에 양발을 맞춰 서는 것입니다. 항상 왼발에 힘을 싣는 것은 잊지 마시고요! 같은 이야기를 반복한다는 것은 그만큼 중요한 포인트이기 때문입니다.

　20m를 쳐봤다면, 이제 30m로 넘어가 볼까요? 스크린에서 30m를 설정하고 쳐봅니다. 30m는 제법 거리가 멀기 때문에 벙커가 나올 수 있습니다. 일부러 벙커가 나오게 스크린에서 연출하실 수도 있습니다.

　실제로 필드에 가면 벙커가 있습니다. 초보자들이 가장 두려워하는 곳이기도 하지요. 벙커 모래에 빠지기라도 한다면 쉽게 헤어나오질 못합니다.

벙커 모래

✿ 왕초보도 이해하기 쉬운 전코치의 골프 기본 상식!

벙커(Bunker)
골프에서 주위보다 깊거나 표면의 흙을 노출시킨 지역으로, 요즘은 모든 벙커를 샌드 트랩(Sand Trap)이라고 합니다. 모래가 가득 찬 해저드로, 잔디로 덮인 페어웨이(Fairway), 러프(Rough), 그린(Green) 주위에 움푹 파인 곳을 말합니다.

페어웨이(Fairway)
코스 중간에 잔디를 잘 깎아놓은 부분

러프(Rough)
페어웨이를 벗어나면 풀이 긴 러프가 펼쳐집니다. 러프에 공이 걸리면 초보자들은 곤혹스럽습니다. 러프 바깥쪽에 오비(Out of Bounds : O.B) 말뚝이 있는데 보통 흰색으로 표시합니다. 이곳을 벗어나면 2벌타를 받게 됩니다.

그린(Green)
공이 잘 굴러가도록 잔디를 촘촘하게 잘 깎아놓은 원형의 코스입니다. 그린 중앙과 가장자리에 홀이 있는데 퍼터로 공을 굴려 홀 안에 공을 넣는 것이 바로 골프입니다.

벙커가 있는 30m에서는 공이 무조건 떠야 합니다. 52도보다 56도로 바꿔서 치는 것이 좋습니다.

공을 띄우려고 한다면 공의 위치도 바꿔야 합니다. 공의 위치를 바꾸라는 것은 실제로 공을 옮긴다는 뜻이 아닙니다. 몸의 위치를 바꾼다는 뜻이지요.

채를 눕혀서 공을 띄우려면 고정된 공의 위치에서 몸만 살짝 왼쪽으로 옮기면 됩니다.

반대로 오른쪽으로 몸이 이동하면 채가 공의 위치에서 봤을 때 세워집니다. 다시 왼쪽으로 가면 채가 눕혀지면서 칠 때 공이 뜨게 됩니다. 아주 간단하지요?

왼쪽으로 이동   오른쪽으로 이동

공을 띄울 때의 자세 이동 비교(공을 기준으로 전면 뷰)

20m 칠 때와 다르게 30m 칠 때는 채를 살짝 더 위로 올립니다. 팔의 힘이 약하신 분들은 조금 더 올리셔도 됩니다.

20m 칠 때와 30m 칠 때, 들어 올리는 채의 각도 비교

어떠신가요? 20m 칠 때와 30m 칠 때의 채의 각도가 다르게 보이시지요? 이렇게 매일 거리에 따라 연습을 꾸준히 한다면 쇼트게임도 쉽게 마스터할 수 있습니다.

스크린골프 연습
즐기기 비법

퍼터와 쇼트게임, 이 두 가지는 골프 왕초보들이 꼭 익혀야 합니다. 어느 정도 연습을 해서 퍼터와 쇼트게임을 마스터했다면, 스크린골프장을 이용해 골프를 즐기실 수가 있습니다. 매일 연습만 하다 보면 자칫 지루해질 수 있습니다. 요즘 스크린골프장은 골퍼들이 재미있게 골프를 즐길 수 있도록 다양한 프로그램을 운영하고 있습니다.

도전모드로 즐기기 :
퍼팅, 쇼트게임

스크린골프에 가면 '도전모드'라는 것이 있습니다. GDR이나 카카오VX 에서 운영하는 스크린골프장에 가면 이름만 조금 다를 뿐 시스템은 비슷합니다. 스크린에서 도전모드를 선택해서 자신이 즐기고 싶은 항목을 먼저 선택합니다.

만약 도전모드로 퍼팅 3m를 즐기고 싶다면 항목을 선택합니다. 그러면 스크린에 화면이 나오고 도전모드를 즐길 수 있는 환경이 조성됩니다. 공을 치면 치고 나서 바로 점수가 화면에 뜹니다. 치고 나서 점수가 나오고 남은 거리가 표기됩니다. 공이 잘 쳐지면 1단계에서 2단계로 넘어가면 최종 10단계까지 연습하실 수가 있습니다.

도전모드로 쇼트게임도 즐겨볼까요? 거리에 따라 스윙 크기도 조절하면서 30m, 40m, 50m 거리감을 느껴봅니다. 거리에 따라 힘도 조절하고 자세도 조절하면서 게임을 즐기다 보면 1시간은 금방 지나가겠지요?

이렇게 연습하지 않으면 매일 꾸준히 연습할 수가 없습니다. 같은 동작으로 같은 행위를 무한 반복하는 것만큼 지루한 것은 없으니까요.

실제 맵으로 연습하기 : 퍼팅, 쇼트게임

스크린골프장의 장점은 실제 필드에 있는 야외골프장이 100개 이상 다양하게 스크린에서 구현된다는 점입니다. 기술력이 좋아지면서 그래픽도 정교해졌기 때문에 필드에 직접 가보지 않아도 마치 필드에 나와 있는 것과 같은 느낌을 충분히 느끼게 해줍니다.

필드에 나가기 전에 스크린에서 연습하면 맵에 대한 이해도도 올라갑니다. 어디에 해저드가 있고, 어디에 벙커가 있고 그린의 높낮이도 익힐 수가 있습니다.

스크린 맵을 보시면 빨간색과 파란색 표시가 나옵니다. 빨간색 지역은 높은 곳이고 파란색 지역은 낮은 곳인데요. 공을 어디에 보내야 할지 오르막과 내리막을 잘 계산해서 칩니다.

만약 러프가 나오면 어떻게 해야 할까요? 러프는 풀이 무성한 곳이기 때문에 공을 띄워야 합니다. 그러려면 52도보다 56도로 치는 것이 좋습니다.

러프와 높낮이, 쳐야 할 거리 등을 계산해 공을 쳐봅니다. 이렇게 스크린에서 맵을 보며 공을 치다 보면 실제 필드에서 치는 것과 같은 효과가 있습니다. 직접 필드에 나가지 않고도 필드의 기분을 만끽할 수 있는 것입니다.

스크린의 또 다른 장점 중 하나는 리플레이가 가능하다는 점입니다. 내가 친 공이 어떻게 날아갔는지 다시 보기 서비스로 재생해볼 수 있습니다.

초보자들은 꼭 리플레이 영상을 보시면서 자기의 잘못된 점을 체크해 보시길 바랍니다. 복습하는 것과 안 하는 것은 천지 차이입니다.

퍼터나 쇼트게임을 스크린에서 많이 하고 온 사람과 안 하고 온 사람은 실력 차이가 상당히 많이 납니다. 매일 연습한 사람과 어쩌다 연습하는 사람도 실력 차이가 상당할 것입니다. 스크린에서 많이 연습해서 필드에 가면 괴리감이 많이 줄어듭니다.

매일 1시간씩 한 달을 연습하면 골프 왕초보에서 벗어날 수 있습니다. 좀 더 많은 분이 저를 통해 골프를 쉽게 배울 수 있도록 알려드리고 있습니다. 어떤 분들은 필드에 나가기 위해 6개월에서 1년씩이나 많은 시간과 돈을 들여 연습하시는 것을 보면 안타까운 마음이 듭니다. 지루한 연습을 몇 개월씩 하다 보면 골프에 대한 흥미도 떨어지고 의욕도 사라지기 마련이니까요.

제가 한 달이라는 기간을 잡은 이유는 골프가 가장 재미있게 느껴질 때 꾸준한 연습 습관을 들여 실전으로 바로 넘어가기 위해서입니다. 조금만 더 열심히 하면 여러분도 남들처럼 골프를 잘 치실 수 있습니다. 저를 믿고 따라 오세요.

🏌️ 왕초보도 이해하기 쉬운 전코치의 골프 기본 상식!

스윙할 때 사용하는 골프 용어 정리

그립
골프채의 윗부분으로 고무나 가죽으로 덮인 부분입니다. 그립 부분을 잡는 것을 '그립을 잡는다'라고 표현합니다.

빈스윙
공을 치기 전에 허공에 스윙하는 것을 말합니다.

어드레스
골프 스윙을 하기 전에 목표를 향한 스윙 준비 자세를 취하는 것입니다. 빈스윙, 어드레스를 합쳐서 '골프 스윙 루틴'이라고 합니다.

테이크백
어드레스 자세에서 골프채를 뒤로 빼는 것입니다.

하프스윙
테이크백을 지나 어깨 부위까지 채를 올려서 가져가는 것을 하프스윙 또는 3분의 2 스윙이라고 합니다.

백스윙 탑
끝까지 백스윙을 가져가 골프채가 지면과 수평을 이루는 상태를 말합니다.

백스윙
테이크백, 하프스윙, 백스윙 탑의 과정을 모두 백스윙이라고 합니다.

트랜지션(전환 동작)
백스윙 탑에서 다운스윙을 시작하는 것입니다.

다운스윙
높이 들었던 채가 공을 향해 접근하는 동작입니다.

임팩트
골프공을 치는 동작입니다. 즉, 공을 채가 맞히는 순간을 말합니다.

폴로 스루

임팩트 이후, 목표를 향해 클럽 헤드를 쭉 뻗는 동작을 말합니다.

골프 피니시

폴로 스루를 지나 골프 스윙을 마무리짓는 것입니다.

왕초보 실전
2주 차

아이언 실전으로
골프 시작하기!

GOLF

아이언 완전정복
첫 단계, 똑딱이

1주일 동안 퍼터와 쇼트게임을 열심히 연습하셨나요? 이제 2주 차 수업으로 접어들었습니다. 1주 차에서는 퍼터와 쇼트게임에 대해 알아봤다면, 2주 차에서는 본격적으로 좀 더 긴 채로 들어가서 초보자들이 가장 많이 잡는 7번 아이언에 대해 알려드리려고 합니다.

초보자들이 골프를 배울 때 쇼트게임은 건너뛰고 바로 7번 아이언부터 배우는 경우가 많습니다. 레슨 프로들이 대부분 그렇게 수업을 진행하기 때문입니다.

저는 가장 기본기라고 할 수 있는 퍼터와 쇼트게임을 먼저 알려드립니다. 그다음에 아이언으로 넘어가야 실력이 더 빨리 늘 수 있습니다.

쉽다고 건너뛰면 절대로 실력은 좋아지지 않습니다. 기본기를 먼저 확실하게 익힌 다음, 그다음 단계로 차근차근 올라가는 방법이 정석입니다.

아이언 단계별 스윙방법

자, 그러면 본격적으로 7번 아이언을 마스터해볼까요? 우선 7번 아이언의 특징은 채가 깁니다. 그래서 초보자들은 처음부터 풀스윙을 하는 것이 아니라 단계별로 스윙 방법을 익히셔야 합니다.

1단계 : 똑딱이

아이언의 스윙단계는 총 4단계가 있는데요. 그 첫 번째 단계는 일명 '똑딱이'라고 하는 1단계입니다. 시곗바늘이 '똑딱, 똑딱' 움직이는 모양이 스윙의 모양과 비슷하다고 해서 유래한 이름입니다. 시곗바늘이 일정한 폭에서 조금 움직이듯 1단계 스윙도 적게 똑딱, 똑딱 움직인다고 보시면 됩니다.

똑딱이 스윙 자세

2단계 : 하프스윙

하프스윙은 3분의 2 스윙이라고도 하는데요. 하프스윙의 자세에서는 손목이 시계의 3시 방향까지 갔다가 9시 방향으로 왔던 것 그대로 칩니다.

하프스윙 자세

3단계 : 4분의 3 스윙

하프스윙에서 조금 더 채가 뒤로 올라가는 것으로, 풀스윙이 직각인 90도로 채가 올라간다면 그 중간인 45도 각도에서 스윙이 내려옵니다.

4단계 : 풀스윙

풀스윙은 4분의 3 스윙보다 채를 더 올려서 풀로 채를 치는 것입니다. 뒤로 채를 지면과 평행을 이루는 만큼 빼서 크게 칩니다. 치고 나서 채가 돌아올 때도 마찬가지입니다.

4분의 3 스윙 자세

풀스윙 자세

유튜버 행복골프 전코치의
한 달 만에 필드 나가기 프로젝트

아이언의 종류

지금까지 7번으로 아이언의 단계별 스윙방법을 알아봤습니다. 7번으로 알려드리고 있지만, 사실 모든 아이언이 다 비슷하게 생겼습니다.

아이언은 W, 9번, 8번, 7번, 6번, 5번을 주로 씁니다. 요즘에는 4번은 잘 안 쓰는 추세입니다. 4번은 저도 치기가 어려워서 일명 '고구마'인 유틸리티로 대체하는 편입니다.

우리가 7번을 주로 연습하는 이유는 7번이 중간 채이기 때문입니다. 초보자는 우선 7번으로 배우고 어느 정도 실력이 올라가면 7번을 벗어나 5번과 같은 다른 번호의 채로도 연습하시는 것이 좋습니다.

아이언의 종류

W

9번

8번

유튜버 행복골프 전코치의
한 달 만에 필드 나가기 프로젝트

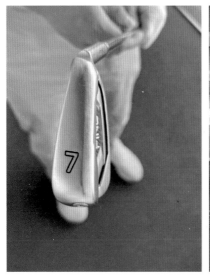

7번

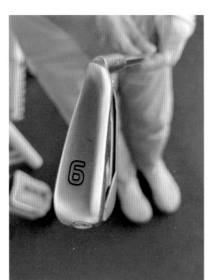

6번

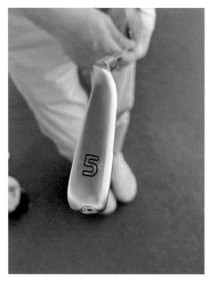

5번

유틸리티(일명 '고구마')

유튜버 행복골프 전코치의
한 달 만에 필드 나가기 프로젝트

7번 아이언으로 똑딱이 자세 잡기

똑딱이 자세를 잡기 전에 먼저 팁 하나를 알려드리겠습니다. 처음 골프를 치시는 분들에게는 바닥에 공을 대고 치는 것을 별로 추천하지 않습니다. 초보자들은 바닥을 치기가 상당히 어렵기 때문입니다.

티(공 받침대)를 너무 높게 하지는 마시고 살짝만 올라오게 한 후, 공을 놓으면 치기가 훨씬 수월해집니다.

초보자가 공을 놓는 적정 높이

자, 그러면 똑딱이 자세부터 배워볼까요?

처음 1단계, 똑딱이를 할 때는 채를 짧게 잡으셔야 합니다. 아이언을 잡는 손의 모양은 쇼트게임 채를 잡는 것과 비슷합니다.

왼손으로 채를 먼저 갖다 대고 그다음에 오른손으로 채를 잡습니다. '베이스볼 그립'과는 조금 다른 모양으로 '인터로킹(Interlocking) 그립'으로 잡으시고 자세를 취합니다.

다음 사진처럼 오른손 손가락이 왼손에 걸치게끔 잡으면 됩니다.

인터로킹 그립   베이스볼 그립

똑딱이를 칠 때는 최대한 반동을 줄이는 것이 좋습니다. 1시, 3시 방향에서 스윙을 날리는 것이 똑딱이입니다. 채를 처음부터 너무 높게 들면 조그만 공을 초보자가 맞추기는 어렵습니다.

다리에 힘을 주는 비율은 왼발 오른발 5대5로 똑같이 두고 공을 주시하면서 채를 살짝 스윙합니다. 머리는 너무 숙일 필요 없이 적당하게 듭니다. 무릎은 살짝 구부려 엉덩이를 뒤로 조금 빼고 1단계 스윙을 진행합니다.

제가 예전에 연습할 때만 해도 스크린이 없는 연습장이 많았습니다. 그때는 벽을 보고 연습했습니다. 스크린을 보는 것이 부담스러우신 분들은 벽을 보고 연습하는 것도 상당히 도움이 됩니다.

스크린이 보이면, 공이 날아가는 것을 보고 싶어 하는 사람 심리 때문에 고개를 들게 됩니다. 그 상태로 헤드업이 습관이 되면 나중에 고치기 어렵습니다. 골프는 헤드업이 되면 그 미세한 차이로 공이 안 맞는다는 점, 꼭 유념하세요.

똑딱이로 칠 때 금물인 헤드업 자세

헤드업 안 된 좋은 자세

헤드업 자세

똑딱이 기본자세

1단계 똑딱이 마스터하기

똑딱이를 칠 때의 팁을 한 가지 더 알려드리겠습니다.

스윙할 때 왼발에 조금 더 힘을 주는 것입니다. 공을 칠 때 살짝 왼발에 힘을 실어주면 뒤땅이 잘 생기지 않습니다. 뒤땅은 초보자들이 가장 많이 저지르는 실수입니다. 그리고 채를 너무 세게 잡으시면 안 됩니다. 그러면 경직된 자세가 나와 좋은 스윙이 나오질 않습니다.

힘을 빼라는 이야기는 모든 스포츠에서 나오는 이야기입니다. 골프도 마찬가지입니다. 힘을 빼는 데 최소 3년이 걸린다는 말도 있습니다. 저도 15년이나 골프를 쳤지만, 아직도 힘이 조금 들어갈 때가 있습니다.

제일 약하게 그립을 잡은 정도를 1이라고 하고, 제일 세게 잡은 정도를 10이라고 하면, 중간 정도의 세기인 5 정도로 그립을 잡으시면 됩니다.

성인 남자 기준으로 제대로 풀스윙을 하면 100m 정도 다 나갑니다. 저는 초보 때 120~130m 정도 나갔습니다. 백돌이에서 벗어나면 130~140m 정도의 거리가 나옵니다. 80대 중수로 오면 그때부터 평균 비거리가 7번 아이언으로 150~160m 사이가 나옵니다. 그 정도 감을 미리 알고 똑딱이를 연습하시면 많은 도움이 되실 것입니다.

아이언 완전정복,
2단계 하프스윙 배우기

하프스윙 코킹이란?

똑딱이를 어느 정도 연습했다면 이제 다음 단계인 2단계 하프스윙으로 넘어가 볼까요? 하프스윙은 시계의 1시, 3시에서 시작하는 똑딱이와 달리 손목을 꺾습니다.

꺾는 것을 전문용어로 '코킹(Cocking)'이라고 합니다. 단어 그대로 해석하면, '위로 젖힌다'라는 뜻입니다. 코킹은 다운스윙할 때 클럽 헤드의 속도를 올리는 중요한 역할을 합니다.

좀 더 이해가 쉽게 설명을 해볼까요? 손목으로 하는 운동은 당연히 선수가 손목을 씁니다. 야구에서 투수가 손목을 사용해 공을 던지는 것처럼,

당구에서 손목을 써서 당구공을 맞추는 것처럼 말입니다. 그냥 던지고 치는 것보다 손목의 힘을 이용하는 것이 훨씬 힘을 잘 받기 때문입니다. 골프도 마찬가지입니다. 코킹은 비거리를 내는 가장 중요한 요소로 꼽습니다.

코킹을 잘 활용하면 골프에서 좋은 점수를 획득하실 수 있습니다. 하지만 너무 급격하게 코킹을 진행하면 손목을 과도하게 사용해 무리가 갈 수 있습니다. 초보자들은 충분히 코킹을 연습하고 진행하는 것을 추천합니다.

코킹을 잡는 시점도 중요하지만, 코킹을 푸는 시점도 중요합니다. 손목을 뒤로 젖혀 코킹을 푸는 시점과 감각은 연습을 통해 길러집니다. 골프는 자세에 따라 공을 맞히는 정확도와 비거리가 결정됩니다. 올바른 자세를 익히는 것은 아무리 강조해도 지나치지 않겠지요. 자세를 완벽하게 연습해야 실제로 필드에 나갔을 때도 즐거운 라운딩을 하실 수가 있습니다. 필드가 실전인 것처럼, 스크린에서의 연습도 어디까지나 실전이라고 생각하고 연습해주세요.

⛳ 왕초보도 이해하기 쉬운 전코치의 골프 기본 상식!

코킹 잘하는 법

코킹은 한 손으로 하는 것이 아니라 양손의 힘이 적절하게 사용되어야 잘하게 됩니다. 그립을 왼손 세 손가락으로 견고하게 잡아주고, 왼손 세 손가락으로 밀어주듯 올바른 테이크웨이 궤도를 지납니다. 테이크웨이가 끝나는 부분에서 자연스럽게 오른손 중지와 약지를 사용해 클럽 헤드를 들어 올립니다.

하프스윙 자세 잡기

본격적으로 하프스윙 자세를 잡아볼까요? 하프스윙도 풀스윙은 아니기 때문에 채를 짧게 잡습니다. 다리를 벌려 자세를 잡으면 먼저 빈스윙을 시도해봅니다. 그리고 하프스윙 자세를 잡습니다.

하프스윙할 때는 똑딱이와 달리 채의 끝이 천정을 향해 높이 올라갑니다. 공을 향해 다운스윙할 때 손이 교차하면서 지나갑니다.

하프스윙할 때 손목을 꺾는 코킹

하프스윙할 때 기본 자세

하프스윙할 때 손이 교차되는 모습

공을 향해 하프스윙을 할 때 손이 교차하면서 지나가는 것 보이시지요? 하프스윙을 할 때도 뒤땅은 조심하셔야 합니다. 뒤땅을 방지하려면 왼발에 힘을 주면서 스윙을 합니다. 생각보다 거리가 너무 나가는 것 같으면 살살 치고, 거리가 너무 안 나가는 것 같으면 힘을 주시면서 거리 조절을 해보시길 바랍니다.

하프스윙 마스터하기

하프스윙을 할 때도 스크린골프장의 리플레이 영상을 참고하면 자신의 실수를 체크할 수 있습니다.

머리가 제대로 자리 잡고 있는지, 엉덩이와 무릎은 어떠했는지, 채의 높이는 어떠했는지 바로 점검할 수가 있습니다. 반동 때문에 거리가 너무 나갔다면 채의 높이를 조절해보는 것도 좋고요. 이런 감각은 실전연습을 많이 해보면서 몸에 익혀집니다.

1단계 똑딱이가 상체 위주로 움직였다면 하프스윙에서는 스윙의 움직임이 더 커진 만큼 하체도 같이 움직여야 합니다. 체중이 약간 왼쪽으로 쏠리는 느낌으로 다리를 쓰는 것입니다. 체중이 왼쪽으로 오지 않으면 그냥 채만 움직이는 힘없는 스윙이 돼버립니다.

초보자가 골프의 자세를 제대로 숙지하는 것은 사실 어렵습니다. 점수가 높은 고수 중에도 자세가 이상한 사람들이 더러 있습니다. 그만큼 완벽한 자세를 갖추는 데는 큰 노력이 필요합니다.

만약 하프스윙을 연습했는데도 공이 잘 안 맞는다면 다시 1단계 똑딱이로 내려가셔야 합니다. 안 되는 걸 억지로 연습해봤자 실력이 더 늘지는 않거든요. 다시 기본기를 익히는 시점으로 돌아가서 똑딱이부터 제대로 연습해야 합니다. 똑딱이가 잘 맞는다면 그때 다시 2단계로 올라갑니다.

2단계를 제대로 소화하지 못했는데 3단계, 4단계로 갈 수는 없습니다. 시간이 조금 더 걸리더라도 순차적으로 마스터해보시길 권합니다.

골프는 평생 운동입니다. 짧게 즐기고 끝낼 운동이 아니라면 기본기를 다지는 데 중점을 두셔야겠습니다.

뒤에서 풀스윙을 배우겠지만 꼭 하프스윙을 해야 할 때가 있습니다. 언제일까요? 바로 다리의 높이와 공의 높이가 다를 경우입니다. 이해하기 쉽게 사진을 보면서 설명하겠습니다.

오른쪽 다리가 낮은 경우

오른쪽 다리가 낮은 경우입니다. 이때는 오른발에 공을 놓고 오른발에 체중의 60%를 싣습니다. 풀스윙하지 말고 한 클럽을 더 잡고 하프스윙하는 것이 효과적입니다.

왼쪽 다리가 낮은 경우

왼발 다리가 낮은 경우입니다. 왼발에 공을 놓고 왼발에 체중의 60%를 싣습니다. 풀스윙하지 말고 한 클럽을 더 잡고 하프스윙합니다. 일반스윙은 탑볼의 확률이 높기 때문에 최대한 임팩트를 하고 난 후 채를 들지 말고 낮게 깔아야 한다는 점을 기억하세요.

공이 발보다 낮은 경우

공이 발보다 낮은 경우에는 가운데에 공을 놓고 채를 길게 잡은 후, 풀스윙하지 말고 한 클럽 더 잡고 하프스윙을 합니다. 탑볼을 방지하기 위해 머리를 절대 들지 말고 최대한 임팩트를 한 후, 채를 들지 말고 낮게 깝니다. 공이 오른쪽으로 가기 때문에 깃대의 방향보다 한두 클럽 왼쪽을 보고 어드레스합니다.

공이 발보다 높은 경우

공이 발보다 높은 경우에는 가운데 공을 놓고 채를 짧게 , 한 클럽 더 잡고 하프스윙합니다. 공이 왼쪽으로 가기 때문에 깃대 방향보다 한두 클럽 오른쪽을 보고 채를 스윙한다고 생각하지 말고, 공 방향으로 민다는 느낌으로 쳐야 안 밀리는 효과를 볼 수 있습니다.

아이언 완전정복, 3단계 4분의 3 스윙 실전 팁!

1단계 똑딱이, 2단계 하프스윙까지 마쳤다면 이제는 3단계 4분의 3 스윙을 배워볼 시간입니다. 하프스윙과 4단계 풀스윙의 중간쯤 된다고 보시면 되고요. 풀스윙의 전 단계입니다. 그러면 4분의 3 스윙 수업을 시작하겠습니다.

펀치 샷? 4분의 3 스윙?

4분의 3 스윙을 흔히 '펀치 샷'이라고도 부릅니다. 이론적으로 한 번 생각해볼까요? 작은 골프공을 풀스윙해서 맞추는 것은 상당히 어렵습니다.

풀스윙보다 조금 덜 힘이 들어간 4분의 3 스윙, 즉 펀치 샷을 사용하면 공을 맞힐 확률이 더 올라가겠지요? 풀스윙할 때보다 비거리는 덜 나가겠지만, 공을 맞힐 정확도가 올라가기 때문에 펀치 샷이라고 합니다.

그렇다면 펀치 샷을 칠 때는 어떤 경우일까요? 바로 바람이 많이 부는 날씨에서 펀치 샷을 활용합니다. 필드의 골프는 야외 스포츠이기 때문에 날씨의 영향을 많이 받습니다.

특히 바람은 공의 방향과 비거리를 정하는 큰 변수로 작용합니다. 맞바람이 불 때는 저항성이 생기기 때문에 공을 치면 멀리 날아가지 않습니다. 평소 150m 정도 거리가 나온다고 하면 맞바람이 치는 날씨에서는 130~140m밖에 공이 안 나갑니다.

맞바람을 이기고 싶을 때 펀치 샷, 즉 4분의 3 스윙을 하면 됩니다. 보통 사람들은 맞바람이 불면 스윙할 때 더 힘이 들어가기 마련입니다. 더 멀리, 바람을 이겨 공을 보내야겠다는 생각밖에 들지 않습니다. 그래서 더 세게 힘을 주어 스윙을 하려고 합니다. 그런데 그런 생각은 오히려 더 역효과를 불러일으킵니다. 기껏 힘을 주어 스윙을 해도 공은 생각만큼 나아가질 않습니다.

바람이 불면 조금 더 긴 채가 필요합니다. 7번 아이언보다 조금 더 긴 채를 잡고 경기에 임하시면 됩니다. 채를 짧게 잡고 공만 정확히 친다는 느낌으로 칩니다. 너무 공을 높이 띄우면 바람에 영향을 받아 오히려 거리가 덜 나갑니다.

정확하게 공을 때려 낮게 날리면 거리가 많이 나가지 않더라도 바람을 충분히 이겨낼 수 있습니다. 맞바람에는 4분의 3 스윙! 골프 매니지먼트의 팁인데요. 바람 부는 날, 꼭 필드에 나가서 활용해보시길 바랍니다.

나분의 3 스윙 자세 잡기

4분의 3 스윙을 할 때의 자세를 알아보겠습니다. 기본자세는 살짝 엉덩이를 뒤로 빼시고 무릎을 조금 구부립니다. 팔도 너무 경직된 상태로 뻣뻣하게 뻗지 말고 살짝 구부립니다. 공을 가운데 두시고 4분의 3 스윙을 해보겠습니다. 어떠셨나요? 잘 맞히셨나요?

4분의 3 스윙 기본자세

4분의 3 스윙에서 팔의 올바른 모습

4분의 3 스윙에서도 정확한 임팩트와 여유 있는 마음가짐은 필수입니다. 여러 번 연습하다 보면 그 과정에서 뒤땅도 나올 수 있고 생각보다 거리가 너무 나가기도 합니다. 뒤땅이 나올 때는 왼발에 좀 더 신경을 쓴다든지, 거리가 너무 나가면 스윙하는 힘을 더 조절해본다든지, 자신의 실수를 점검하면서 실력을 늘려가시면 됩니다.

나분의 3 스윙 마스터하기

초보자들이 4분의 3 스윙을 할 때는 2단계인 하프스윙을 하는 느낌으로 채를 올리시면 됩니다. 그 이유는 반동이 있기 때문인데요. 스크린을 보며 그 느낌을 맞춰가며 채의 높이를 조절하면 됩니다.

성인 남자의 경우, 130m 정도만 거리가 나오면 10년, 20년을 치셔도 그 거리가 계속 나옵니다. 성인 여자의 경우는 100m 정도를 친다고 생각하시면 됩니다. 그러니 너무 처음부터 먼 거리를 내는 데 욕심내지 말고 적당한 거리를 치겠다는 목표로 4분의 3 스윙을 연습하면 좋습니다.

대체로 골퍼들은 풀스윙 연습을 많이 합니다. 하지만 풀스윙 연습만 한다고 해서 좋은 점수가 나오는 것은 아닙니다. 필드에서 공을 칠 때는 생각했던 거리와 항상 맞아떨어지지 않습니다. 그게 바로 골프의 묘미이기도 합니다.

실수를 줄이려면 클럽을 길게 잡고 그립은 평소보다 짧게 쥐는 것이 좋습니다. 그러기 위해서 하프스윙이나 4분의 3 스윙 연습이 꼭 필요한 것이고요. 풀스윙만 연습하던 사람이 갑자기 하프스윙이나 4분의 3 스윙을 잘하기란 쉽지 않습니다. 뭐든지 기본부터 차근차근 올라가는 것이 중요합니다.

아이언의 끝판왕, 풀스윙 마스터하기

이제 드디어 아이언의 끝판왕, 마지막 단계인 풀스윙입니다. 다들 4분의 3 스윙까지는 마스터하셨나요? 4분의 3 스윙도 마스터하지 못했는데 풀스윙을 하려는 분들이 있다면 다시 전 단계로 돌아가시길 바랍니다.

반복해서 강조하지만, 골프는 기본기가 중요합니다. 4분의 3 스윙이 안 되면 하프스윙으로 돌아가고, 하프스윙이 안 되면 맨 첫 단계인 똑딱이부터 다시 점검해야 합니다.

자, 준비되셨나요? 풀스윙을 시작하겠습니다.

풀스윙은 언제 할까?

초보자들에게 풀스윙을 치는 고수의 모습은 꽤 멋지게 보입니다. 당장 연습을 많이 해서 풀스윙을 제대로 치고 싶어집니다. 하지만 풀스윙은 아무 때나 치는 것이 아닙니다. 칠 때가 따로 있다는 뜻이지요.

프로인 저도 사람인지라 컨디션이 안 좋을 때가 있습니다. 그런 날 필드에 나가게 되면 저는 웬만하면 풀스윙을 하지 않습니다. 대신 하프스윙이나 4분의 3 스윙을 칩니다. 그렇게 하는 이유는 풀스윙과 거리 차이가 그리 많이 나지 않기 때문입니다.

성인 남자는 130m만 거리가 나가도 충분하다고 했습니다. 여자는 100m이고요. 예를 들어 7번 아이언으로 제가 130m의 거리가 나가는 사람이라면 컨디션이 안 좋을 때는 7번 대신 6번으로 4분의 3 스윙을 칩니다. 7번과 6번의 거리 차이가 10m 나기 때문입니다.

아이언의 숫자가 적을수록 거리가 늘어나는 것은 아실 테고요. 채의 길이 차이는 별로 안 나는데 각도가 조금 차이가 납니다. 7번과 6번은 약 4도 차이가 납니다. 이렇게 아이언은 숫자가 달라질 때마다 각도가 4도 차이가 나는데 그 4도 때문에 10m가 더 나가는 것입니다.

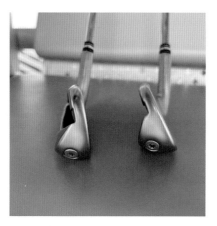

7번과 5번 아이언 각도 차이 비교

풀스윙 자세 잡기

이제 풀스윙 자세를 잡아보겠습니다. 우선 채를 잡을 때 전 단계인 하프 스윙이나 4분의 3 스윙처럼 채를 짧게 잡으시면 안 됩니다. 4분의 3 스윙 까지는 정확도를 맞추기 위해 채를 좀 짧게 잡으라고 말씀드렸습니다. 풀 스윙은 채의 끝에서 한 1~2cm 정도만 띄어 잡는 느낌으로 조금 길게 잡 습니다.

풀스윙할 때 채를 잡는 손의 모습

풀스윙할 때의 기본자세

초보자가 실수하는 오버스윙

골프를 오래 한 저도 아직 종종 저지르는 실수가 바로 오버스윙입니다. 오버스윙은 다운스윙하기 전의 채가 뒤에서 지면과 평행선을 이뤄야 하는데, 채가 밑으로 더 떨어지는 것을 말합니다.

장타 대회에 가면 다들 오버스윙을 합니다. 그 이유는 거기에서는 드라이버로 400m 거리 정도를 내야 하기 때문입니다. 오버스윙한 상태에서 다운스윙해야 그 반동으로 그 거리를 보낼 수 있습니다.

하지만 초보자는 절대 오버스윙하면 안 됩니다. 절대 반대합니다. 차라리 조금 덜 가는 것을 추천합니다. 왜냐하면, 초보자에게는 거리가 더 나가는 것보다 정확도가 훨씬 중요하기 때문입니다.

초보자가 오버스윙을 하게 되면 공을 때리는 다운스윙까지 시간도 오래 걸리고 공을 맞히는 정확도도 훨씬 떨어집니다. 초보자는 거리를 멀리 보내는 것보다 공을 정확히 보내는 것이 더 중요하다는 점, '풀스윙하되, 오버스윙을 하지 마라!'를 꼭 명심하시길 바랍니다.

드라이버 오버스윙   아이언 오버스윙

오버스윙할 때의 자세

풀스윙 마스터하기

자, 그러면 본격적으로 풀스윙을 마스터해볼까요? 4분의 3 스윙까지 바닥에서 뜬 공을 잘 쳐냈다면 이제는 바닥에 붙은 공도 치는 연습을 해보겠습니다.

스크린골프장에서는 뜬 공을 연습할 수 있지만, 필드에서는 뜬 공만 치는 것이 아닙니다. 바닥에 붙은 공을 칠 거야 합니다.

여러분이 풀스윙까지 무난하게 오셨다면 이제는 바닥에 붙은 공을 치는 연습도 해보시면 좋습니다. 4분의 3 스윙으로 돌아가서 연습할 때도 하셔도 좋고요. 자신감이 붙었다면 어느 단계에서 하셔도 상관없습니다.

풀스윙의 자세를 잡고 바닥에 붙은 공을 쳐볼까요? 너무 세게 힘을 주지 말고 쳐봅니다. 풀스윙은 딱 피니시를 하는 것이 중요합니다. 공을 치고 나서 거리를 확인합니다.

골프는 무조건 거리를 멀리 보낸다고 해서 좋은 것은 아닙니다. 초보자들은 거리만 멀리 가면 좋은 줄 알기도 합니다. 하지만 상당히 잘못 알고 계시는 것입니다. 앞서 강조했듯이 남자는 130m, 여자는 100m를 목표로 연습하시면 됩니다.

풀스윙 피니시 자세

풀스윙에서 피니시 자세는 왼발에 체중을 싣고 오른발은 균형을 유지하는 정도로 들어줍니다. 초보자들이 어려워하는 자세 중 하나가 바로 피니시입니다. 대부분 스윙을 끝내고 나서 균형을 잃고 비틀거리거나 약간 모습이 이상해집니다.

피니시 자세도 자꾸 반복하면 충분히 좋아질 수 있습니다. 초보자들은 빈스윙을 했을 때도 멋지게 피니시 자세를 연출해보는 것이 큰 도움이 됩니다.

빈스윙을 할 때 바닥에 채가 '탁' 치는 소리가 나야 합니다. 그런데 초보자들의 경우, 빈스윙을 하라고 하면 허공에다 채를 휘두르는 경우가 많습니다.

그렇게 하지 마시고, 꼭 바닥에 채를 때려 제대로 빈스윙을 해보셔야 합니다. 우리가 쳐야 할 공이 떠 있는 공이 아니고 바닥에 붙은 공이기 때문입니다. 빈스윙을 할 때도 실전처럼 바닥에 쿵 소리가 날 정도로 연습하시면 됩니다.

그렇다고 너무 세게 힘을 주어 바닥을 내리치시면 그 충격이 몸에 다 들어가서 오히려 역효과가 납니다. 몸의 충격을 최소화하려면 채를 살살 잡고 바닥에 있는 공을 때린다는 느낌으로 빈스윙을 하세요. 채를 세게 잡으면 손목에도 무리가 갈 수 있다는 점을 유의하시고요.

풀스윙을 해봤다면 스크린에서 리플레이 영상을 다시 돌려봅니다. 살짝 오버스윙이 됐는지, 피니시 자세는 어떠했는지 모두 꼼꼼히 점검합니다. 채가 얼마나 떨어졌는지, 손목을 과도하게 썼는지도 리플레이 영상을 보면 다 아실 수가 있습니다.

앞의 리플레이 영상에서 실수한 점을 발견하면 그 부분에 주의해서 다시 풀스윙을 해봅니다. 이런 과정을 자꾸 반복하면 실수가 교정되고 실력이 올라갑니다.

같은 자세로 풀스윙을 했을 때 어떤 때는 뒤땅이 나서 거리가 덜 나가고 어떤 때는 정확도가 올라가 만족할 거리가 나오기도 합니다.

필드에 가면 '아일랜드홀'이라는 것이 있습니다. 사방이 물에 둘러싸여 자칫 뒤땅이 나서 거리가 덜 나가거나 하면 공이 물에 빠지게 됩니다.

아일랜드홀

(출처 : 출발 해외골프 블로그)

골프라는 것이 그렇습니다. 어떨 때는 거리가 덜 나가고 어떨 때는 거리가 많이 나갑니다. 그 차이를 익히려면 연습만이 답입니다. 어떠셨나요? 이제 풀스윙에 대한 느낌이 좀 오시나요?

◉왕초보도 이해하기 쉬운 전코치의 골프 기본 상식!

초보자가 가장 실수하는 3가지

생크(Shank)

임팩트 시에 공이 클럽페이스 정중앙에 맞지 않고 클럽 안쪽에 맞아 엉뚱한 방향으로 공이 날아가는 것을 말합니다. 생크의 원인을 알기 위해 가장 먼저 확인해야 할 것은 바로 어드레스입니다. 어드레스 시 공과의 거리가 너무 가까우면 다운스윙을 할 때 허리의 각을 잃어버려 클럽이 열리면서 생크가 나게 됩니다. 반대로 공을 또 너무 멀리 두고 치면 임팩트 시 공을 어떻게든 치려고 몸을 기울이게 되면서 생크를 유발하기도 합니다.

그립을 잡는 자세도 한번 점검할 필요가 있습니다. 그립을 너무 약하게 잡으면 스윙할 때 채가 돌아가서 정확도가 떨어집니다. 반대로 너무 채를 강하게 잡아도 정확도는 떨어집니다.

클럽페이스가 열려 있어도 생크가 날 확률이 높아집니다. 클럽페이스가 열린 상태에서 다운스윙하면 클럽페이스보다 클럽 호젤 쪽으로 공이 들어오기 때문에 생크가 날 확률이 올라갑니다.

생크를 방지하려면 어떻게 해야 할까요? 우선 자세를 잡을 때 몸과 공 사이가 너무 가깝게 느껴진다면 스윙을 하지 말고 다시 자세를 잡아야 합니다. 또 공이 어디로 날아가는지 궁금하다고 해서 헤드업을 해서도 안 됩니다. 다운스윙 연습할 때에는 클럽페이스가 열리거나 닫혀서 내려오는 건 아닌지 충분히 연습하면서 정확도를 올려봅니다.

뒤땅

뒤땅은 말 그대로 공을 칠 때 땅을 함께 치는 것을 말합니다. 골프 초보자들이 가장 많이 하는 실수입니다. 물론 고수들이나 프로들도 종종 뒤땅을 하기도 합니다. 뒤땅은 실력이 부족해서 발생하기도 하지만 땅의 상태, 골프채, 그날의 컨디션에 따라 발생하기도 합니다.

문제는 뒤땅을 자꾸 치게 되면 채 끝에서 전해져오는 충격이 그대로 몸에 흡수된다는 것입니다. 그렇게 되면 몸에 많은 무리가 발생할 수 있습니다.

뒤땅을 방지하려면 어떻게 해야 할까요? 뒤땅은 처음부터 마지막까지 왼발에 힘을 주면 뒤땅을 방지할 수 있습니다. 그리고 어드레스할 때 어깨에 힘을 빼고 그립을 편안하게 잡아주는 것으로 어느 정도 뒤땅을 막을 수 있습니다.

탑볼

뒤땅에 신경 쓰면 탑볼이 나오고 탑볼에 신경 쓰면 뒤땅이 나온다는 말이 있습니다. 탑볼은 공의 정중앙에 채가 맞지 않고 공의 윗부분을 때리면서 공이 뜨지 않고 지면에 낮게 날아가거나 지면에 굴러가는 현상을 말합니다. 일명 '뱀샷'이라고도 합니다. 탑볼, 탑핑이 다 같은 말입니다.

탑볼의 원인은 여러 가지가 있습니다. 스윙할 때 몸의 중심이 위로 올라와서 주로 발생합니다. 임팩트 시에 머리가 돌아가는 헤드업 현상으로 상체의 축이 틀어지면서 탑볼이 일어나게 됩니다. 몸의 중심을 잘 잡지 못하고 오른발이 먼저 떨어질 때도 탑볼이 발생하게 됩니다.

탑볼을 방지하려면 빈스윙을 할 때도 항상 쿵 소리가 날 때까지 연습하면 좋습니다. 실력이 느는 것은 빈스윙에서도 마찬가지입니다. 실제 공을 칠 때는 희한하게 빈스윙만큼 스윙이 나오지 않는 분들이 허다합니다. 심리적인 압박감 때문인데 여러 번 빈스윙을 연습해서 자신감이 붙었다면 실제 공을 칠 때도 그 자세 그대로 적용하면 됩니다.

드라이버
마스터하기로
왕초보 졸업!

드라이버 시작 전,
기본 어드레스부터 익히기

그동안 아이언 1단계 똑딱이부터 4단계 풀스윙까지 연습해봤습니다. 다들 잘 따라 하셨지요? 아이언을 이제 칠 줄 아시게 됐다면, 골프채에서 제일 어렵다는 드라이버를 배울 차례입니다.

드라이버는 힘보다 요령으로 치는 것

드라이버는 가장 멀리 거리를 낼 수 있는 채입니다. 성인 남자의 경우는 200m 가까이 거리를 낼 수 있고요. 여자의 경우는 150m 정도를 보낼 수 있습니다. 200m 정도만 치면 충분히 화이트티에서 재미있게 싱글까지도

갈 수 있습니다.

그런데 간혹 저보다 체격이 좋으신 분들이 거리를 잘 내지 못하시는 경우도 있습니다. 드라이버는 힘으로 치는 것이 아닙니다. 힘보다 요령으로 치는 것인데요. 그 요령을 차근차근 단계별로 설명드리겠습니다.

드라이버도 아이언과 똑같습니다. 똑딱이, 하프스윙, 4분의 3 스윙, 그리고 마지막으로 풀스윙까지 4단계가 있습니다. 저를 잘 따라서 오신다면 드라이버도 충분히 마스터하실 수 있습니다.

드라이버는 다음과 같이 '고구마'로 불리는 유틸리티, 우드, 드라이버가 있습니다.

드라이버의 종류

유틸리티

우드

드라이버

초보가 자주 저지르는 실수, 슬라이스

드라이버를 칠 때 초보자가 가장 많이 저지르는 실수가 '슬라이스'입니다. 슬라이스는 공을 치면 공이 오른쪽으로 가는 것을 말합니다. 반대로 왼쪽으로 가는 것을 '훅'이라고 합니다.

초보자들은 훅보다 슬라이스가 더 많이 생깁니다. 왜냐면 초보자들은 드라이버를 칠 때도 아이언을 치는 것처럼 찍어서 치기 때문입니다.

원하는 방향으로 공이 가지 않고 다른 방향으로 가면 초보자들은 당황하기 마련입니다. 슬라이스의 원인은 정말 다양하고 복합적입니다. 우선은 잘못된 자세에 있습니다.

슬라이스를 극복하려면 손목에 무리한 힘을 주지 말고, 몸통의 회전을 과하게 하지 않아야 합니다. 초보자들은 골프채를 놓치지 않고 제대로 휘둘러야 한다는 생각에 손목에 너무 많은 힘을 주게 됩니다. 문제는 손목에 힘이 들어가면 유연성이 떨어진다는 점입니다. 유연성이 떨어지면 슬라이스가 날 확률도 높아집니다. 또한, 스피드 있게 공을 치기 위해 몸을 과하게 회전하면 슬라이스가 발생합니다.

슬라이스가 생기는 또 다른 원인은 바로 그립입니다. 지금 사용하는 그립이 내게 맞는 것인지 아닌지 확인하며 연습해야 합니다. 자꾸 실수가 생긴다면 그립을 바꿔 스윙 연습을 해보세요. 슬라이스가 어느 두께에서 적게 나는지 확인해봅니다.

드라이버와 아이언의 차이점

드라이버와 아이언은 채의 크기부터가 다릅니다. 길이나 크기는 드라이버가 아이언보다 크지만, 무게는 아이언이 훨씬 무겁습니다. 아이언은 그 자체로 쇳덩어리고, 드라이버는 속이 비어 있어 가볍습니다.

아이언은 길이가 짧기 때문에 공 가까이에서 스윙 자세를 잡습니다. 드라이버는 채의 길이가 길어서 공 가까이에 설 수가 없습니다. 채가 길다 보니 연습하다가 뒤에 있는 벽을 치기도 하고 미처 보지 못한 사람을 칠 수도 있습니다. 항상 조심하면서 드라이버 연습을 진행하시길 바랍니다.

드라이버와 아이언 크기 비교

드라이버

아이언

이제 드디어 아이언의 끝판왕, 마지막 단계인 풀스윙입니다. 다들 4분의 3 스윙까지는 마스터하셨나요? 4분의 3 아이언은 길이가 짧아 가깝게 공

앞에 서고 약간 가파른 스윙을 진행합니다. 반면 드라이버는 거꾸로 공에서 멀리 서고 약간 완만한 스윙을 진행한다고 보면 됩니다. 또 아이언이 체중의 분배를 왼쪽 오른쪽 5대5로 한다면 드라이버는 6대4가 나와야 합니다.

아이언을 칠 때의 어드레스 자세

드라이버를 칠 때의 어드레스 자세

어떠신가요? 사진을 보면 그 차이점이 확연히 보이시지요? 간혹 드라이버를 칠 때도 아이언을 칠 때처럼 체중을 5대5로 하시는 분들이 있습니다. 그런데 그렇게 하면 절대 공이 위로 뜨지 않습니다.

드라이버로 공을 쳐서 위로 띄우려면 제일 먼저 공을 가운데에 둬서는 안 됩니다. 왼발 끝 기준에 가깝게 공을 놓아야 드라이버로 공을 띄울 수 있습니다.

'로고 샷'이라고 타이거 우즈(Tiger Woods)가 잘 치는 샷이 있습니다. 공을 드라이버로 치는 순간 바로 위로 뜨는 샷입니다. 그렇게 하려면 공을 왼발에 놓고 치면 됩니다.

만약 바람이 많이 부는 날씨여서 공을 덜 띄워야 한다면 공을 왼발에서 조금 더 오른발 쪽으로 놓으면 됩니다. 일종의 요령이지요. 그렇게 하면 공의 낮게 날아가서 바람의 저항을 덜 받습니다.

드라이버를 칠 때의 공의 위치

드라이버 자세 잡기

드라이버도 아이언처럼 채 잡는 요령은 똑같습니다. 아이언을 잡듯이 인터로킹그립으로 잡으면 됩니다. 초보자들은 채를 잡을 때 너무 많은 힘을 주기 때문에 쉽게 굳은살이 생기기도 합니다. 손을 보호하는 밴드를 준비해서 미리 방지하는 것도 큰 도움이 됩니다. 저는 한 개 정도를 주로 차지만, 초보자들은 밴드를 여러 개 차는 것도 좋습니다. 밴드를 차면 그립감도 훨씬 좋아지고 자신감도 더 붙게 됩니다.

손목 보호대(밴드)

(출처 : 네이버 쇼핑)

자, 그러면 드라이버의 기본자세 어드레스를 해볼까요? 드라이버를 칠때는 아이언 치듯이 양발을 11자로 놓는 것이 아니고 왼발을 살짝 열어두셔야 합니다. 그래야 편안하게 채가 돌아갑니다. 왼발이 닫혀 있으면 유연성이 떨어지는 초보자들은 다칠 수도 있습니다.

아이언의 어드레스는 채가 짧기 때문에 약간 몸이 구부러지는 자세가 연출이 되었습니다. 반면 드라이버는 채가 길기 때문에 약간 서 있는 느낌으로 살짝만 몸을 구부리면 됩니다. 몸과 채 사이에 자신의 주먹이 2개 정도 들어갈 공간을 확보하고 어드레스를 취하시면 정확합니다.

드라이버 어드레스 자세

유튜버 행복골프 전코치의
한 달 만에 필드 나가기 프로젝트

드라이버 똑딱이와
하프스윙도 어렵지 않다

드라이버도 아이언과 마찬가지로 총 4단계의 스윙 동작이 있습니다. 1단계 똑딱이, 2단계 하프스윙, 3단계 4분의 3 스윙, 그리고 마지막으로 4단계인 풀스윙이 있습니다.

아이언으로 똑딱이에서 풀스윙까지 잘 마쳤다면 드라이버도 쉽게 따라올 수 있습니다. 그러면 드라이버로 똑딱이와 하프스윙부터 시작해볼까요?

1단계 : 똑딱이 드라이버로 치기

드라이버를 처음 치시는 분들은 채를 좀 짧게 잡고 똑딱이를 치시면 됩니다. 똑딱이는 공을 멀리 보내려고 하는 것이 아니기 때문입니다. 짧게 잡고 공 가까이에 서서 체중을 왼발, 오른발 6대4로 두고 왼발을 살짝 열어서 칩니다.

1시부터 먼저 쳐봅니다. 공이 나간 거리를 확인하고 다시 한번 똑딱이를 칩니다. 똑딱이는 20~30m 정도만 나가게 치면 됩니다.

드라이버로 똑딱이를 칠 때 중요한 것은 헤드 가운데 공이 맞아야 한다는 것입니다. 초보자들이 헤드를 정확하게 맞히기는 쉽지 않습니다. 그래도 연습을 반복하면 훨씬 좋아집니다.

스크린에서 똑딱이를 치면 '탁' 하고 소리가 납니다. 잘 친 경우는 소리가 아주 예쁘게 납니다. 잘 치지 못하면 소리가 좀 둔탁하게 납니다.

초보자들은 거리에 너무 신경 쓰지 말고 똑바로 공이 가는지에 더 집중하시면 됩니다. 계속 정타에 맞고 정확도가 있다고 생각된다면 그다음 단계로 업그레이드합니다.

2단계 : 하프스윙 드라이버로 치기

이제 드라이버로 2단계 하프스윙으로 가보겠습니다. 아이언 때처럼 손목을 꺾어야 하는데 이때가 좀 어렵습니다. 드라이버는 채가 엄청 길기 때문에 공을 맞히는 것 자체가 힘이 들기 때문입니다. 그러면 손목을 꺾어서 하프스윙도 해볼까요?

똑딱이 때처럼 똑같이 채를 짧게 잡고 하프스윙을 합니다. 손목을 꺾는 순간 거리가 두 배로 나갑니다. 거리를 많이 내보내고 싶은 욕심에 손목을 너무 꺾어도 안 됩니다. 뭐든지 적당한 것이 좋습니다. 초보자들은 2단계 하프스윙에서 100m 정도만 거리가 나가도 괜찮은 스코어입니다. 일단 초보자들은 하프스윙에서 남자는 100m, 여자는 60~70m 나가는 것을 목표로 합니다.

거리가 많이 나가는 것은 중요하지 않습니다. 정확도가 중요합니다. 10개를 쳤을 때 7~8개 정도 똑바로 갔다면 괜찮다고 생각하시면 됩니다.

초보자들은 마음이 급해서 기본을 대충하려고 하는 경향이 있습니다. 그런데 지금 기본기를 잘 다져놓지 않으면 나중에 자세도 이상해지고 실력도 더 이상 늘지 않습니다.

만약에 하프스윙이 잘되지 않는다고 한다면 아이언 때처럼 다시 1단계로 내려가 똑딱이부터 제대로 마스터하고 그다음 단계로 올라서야 합니다.

10개를 쳤을 때 7~8개 정도가 맞았다면 다음 단계로 올라가도 된다는 신호로 받아들이시면 됩니다.

하프스윙이 똑딱이와 다른 점은 몸을 조금 움직이셔야 한다는 점입니다. 똑딱이는 다리는 고정하고 상체만 움직인 것에 반해, 하프스윙은 채를 꺾는 순간 상체와 하체 모두 몸이 쓰이기 시작합니다.

초보자들은 하체를 움직이는 것이 좀 부자연스럽습니다. 하프스윙을 하고 나서는 엉덩이 뒤가 살짝 쪼여야 합니다. 자신의 엉덩이가 보이는지 안 보이는지 리플레이 영상을 보고 꼭 확인하세요.

하프스윙에서 엉덩이가 보일 때와 안 보일 때의 자세

풀스윙을 하게 되면 옆에서 봤을 때 엉덩이는 더 보이게 됩니다. 하프스 윙에서는 적당히 살짝 보일 정도로만 몸을 틀어줍니다.

골프는 소근육을 쓰는 운동이 아니고 대근육을 쓰는 운동입니다. 대근 육을 써야 거리도 많이 나가고 일관성 있게 결과를 볼 수 있습니다.

손목을 꺾어서 거리를 내려고 한다면 일관성이 떨어집니다. 손목처럼 작은 근육을 쓰는 것을 자제하고 몸통을 이용해서 하프스윙 연습을 해봅 시다. 골프는 일관성이 중요한 운동입니다.

드라이버를 잘 쳐야 오비, 벌점이 없다

드라이버를 사실 쇼라고도 이야기하고 퍼터가 돈이라고도 합니다. 하지만 드라이버를 잘 쳐야 오비가 안 나고 벌점이 없습니다. 제 경우, 필드에 나가면 거리가 제법 멀리 나갑니다. 제대로 멀리 치려고 하면 250m까지 나갑니다.

그런데도 안전하게 힘을 최대한 빼고 정확하게 똑바로 가는 연습을 합니다. 그래서 230m의 거리만 나와도 만족합니다.

그 거리에 만족하는 이유는 그래야 똑바로 가기 때문입니다. 그 점을 명심하시고 구력이 몇 년이 되신 분들도 저를 따라 기본기부터 다시 점검하는 시간을 가지셨으면 합니다.

드라이버 4분의 3 스윙,
풀스윙 정복하기

이제 드라이버로 하는 4분의 3 스윙과 풀스윙에 대해 연속으로 말씀드리겠습니다. 1단계 똑딱이에서 2단계 하프스윙에서 손목을 꺾는 것까지 진행했습니다. 여기까지 어느 정도 마스터한 분들이라면 4분의 3 스윙과 풀스윙도 무난하게 따라올 것이라고 기대합니다.

3단계 : 4분의 3 스윙 드라이버 치기

풀스윙이 채가 지면과 평행을 이루는 것이라면 4분의 3 스윙은 하프스윙과 풀스윙의 중간지점의 각도로 채를 올리면 됩니다.

저는 4분의 3 스윙을 풀스윙처럼 생각해도 된다고 봅니다. 4분의 3 스윙만 해도 보내고 싶은 거리는 충분히 가기 때문입니다.

초보자 중에서 특히 여자분들은 채가 풀스윙에서 더 뒤로 넘어가기도 합니다. 그런데 그것이 바로 최악의 오버스윙 자세입니다. 거리를 더 멀리 보내겠다는 욕심으로 채를 너무 뒤로 젖히면 정확도가 당연히 떨어집니다. 채가 공을 맞히기 위해 다운스윙하는 시간도 오래 걸리고요.

시간이 오래 걸리면 정확도는 떨어지게 되어 있습니다. 차라리 4분의 3 스윙에서 거리도 확보하고 정확도도 높이는 것이 더 효율적입니다.

풀스윙과 오버스윙 자세

풀스윙

오버스윙

원래 드라이버를 칠 때는 아이언을 잡을 때보다 채를 길게 잡아야 합니다. 스크린골프장에서 연습할 때는 짧게 잡으셔도 됩니다. 채를 짧게 잡고 편안히 치는 연습을 반복해보세요. 연습장에서는 멀리 치는 것이 중요하지 않기 때문에 정확도를 높이는 데 더 집중하시길 바랍니다.

초보자들은 연습할 때 오자마자 막 공부터 치려고 합니다. 그런데 4분의 3 스윙은 하프스윙보다 스윙의 크기가 커졌기 때문에 스윙에 익숙해지는 연습부터 해보시는 것을 권합니다. 채를 거꾸로 잡고 빈스윙을 해보는 것도 상당한 도움이 될 것입니다.

채를 거꾸로 잡고 빈스윙하는 모습

빈스윙을 할 때는 시원하게 바람을 가르는 소리가 들립니다. 이 소리를 최소 10번은 귀를 기울여 들으시고, 공을 쳐보면 실력이 더 빠르게 느는 것을 느끼실 수가 있습니다.

연습장 오자마자 공부터 치려고 하는 분들은 절대 실력이 늘지 않습니다. 제가 아는 분 중에 몇 년 전부터 골프를 하시는 분이 계시는데요. 그분은 아직도 '백돌이'입니다. 스코어를 내는 것에만 집중하시느라 기본기를 자꾸 놓쳐서 그렇게 된 것입니다. 골프는 기본기를 다져야 하는 스포츠라는 것은 여러 번 강조해도 지나치지 않습니다.

스크린골프장에서 4분의 3 스윙을 쳤다면 리플레이 영상을 다시 돌려봅니다.

피니시 자세 유지도 중요하다

4분의 3 스윙에서도 피니시를 잡는 것은 매우 중요합니다. 물론 연습하다 보면 피니시를 놓칠 때도 많습니다. 그러지 말고 끝까지 자세를 유지하며 피니시를 해보셔야 합니다.

초보자들은 특히 피니시를 잘 못하는데요. 공이 안 맞을 경우, 끝까지 피니시 자세를 유지하지 못하고 어정쩡한 자세로 마무리하게 됩니다. 어색해서, 균형을 잃어서 등 여러 가지 핑계가 있을 수는 있습니다. 하지만 저는 피니시 자세를 어떻게든 유지하라고 말씀드리고 싶습니다.

프로들의 영상을 찾아보면 다 피니시를 유지합니다. 멋지게 피니시를 하지, 피니시를 이상하게 하는 사람은 단 한 명도 없을 것입니다. 공이 잘 맞든 안 맞든, 피니시를 유지하려는 노력을 꼭 해보시길 바랍니다.

피니시 자세

4단계 : 풀스윙 드라이버로 치기

앞서 4분의 3 스윙을 풀스윙처럼 치면 좋다고 말씀드렸습니다. 그런데 풀스윙을 제대로 연습하는 것도 중요합니다. 풀스윙은 채가 지면과 평행이 되는 상태에서 다운스윙합니다. 채가 더 뒤로 넘어가면 오버스윙이 되기 때문에 오히려 역효과가 발생합니다.

풀스윙 드라이버 자세

풀스윙 자세를 익혔다면 스크린골프장에서 연습하고 꼭 리플레이 영상을 돌려봅니다. 채가 어느 정도 높이까지 올라갔는지, 엉덩이와 무릎은 잘 구부러졌는지, 드라이버 중앙에 공은 잘 맞았는지 등 꼼꼼하게 살펴 취약한 부분을 교정해보시길 바랍니다.

왕초보가 꼭 마스터해야 할
드라이버 실전 팁!

지금쯤 되면 필드에 나가고 싶어서 몸이 근질거리는 골린이들이 계실 것입니다. 하지만 조금 더 참아주세요. 드라이버를 칠 때 왕초보가 마스터 해야 할 실전 팁을 숙지하고 필드에 나가신다면 더 좋은 실력을 뽐낼 수가 있습니다.

골프는 힘으로 치는 것이 아니고 요령으로 치는 것이라고 말씀드렸습 니다. 알려드릴 요령에는 실수를 방지하고 낮은 실력을 더 높게 올릴 수 있는 비법이 있습니다.

초보자분들도 제 말씀을 잘 이해하고 따라온다면 실전에서 유용한 팁 을 바로 전수받으실 수 있습니다. 그러면 시작해볼까요?

슬라이스 방지법

프로들은 완만하게 백스윙이 됩니다. 초보자들은 우주선이 날아가듯 채가 올라갑니다. 왼쪽으로 공이 날아가면 드로우고, 슬라이스는 완전히 오른쪽으로 날아가는 것을 말합니다. 페이드는 천천히 앞으로 갔다가 앞쪽으로 가는 것을 말합니다.

안전하게 치려고 한다면 드로우보다 페이드가 좋습니다. 드로우를 치면 런이 많기 때문에 자칫 오비가 날 확률이 높습니다. 그와 달리 페이드는 공이 떨어지고 나서 런이 많이 발생하지는 않습니다.

프로들의 백스윙 / 초보자들의 백스윙 자세 비교

슬라이스를 방지하려면 어떻게 해야 할까요? 첫 번째 팁은 바로 오른발을 뒤로 빼는 것입니다. 오른발을 빼면 초보자들이 서서치는 우주선 날아가는 자세가 방지됩니다. 오른발을 빼기 때문에 그 자세를 취하려고 해도 잘

되지가 않습니다. 그러면 오른발을 과감하게 뒤로 빼고 스윙을 해볼까요?

슬라이스 방지법 - 오른발 빼기

스크린골프장에서 **리플레이 영상을** 보면 오른발이 뒤로 빠져 있는 걸 확인하실 수가 있습니다. **그런데 오른발을 살짝만 빼면 어떻게 될까요?** 오히려 드로우가 생길 확률이 높아집니다.

슬라이스가 자주 생기는 분들은 아예 과감하게 오른발을 뒤로 빼는 것이 큰 도움이 됩니다. 드로우를 원하시는 분들은 일직선 위에서 오른발만 살짝 뒤로 빼는 것으로 개선 효과를 보실 수가 있습니다. 만약 페이드샷을 원한다면 반대로 왼발을 뒤로 살짝 빼면 됩니다.

슬라이스를 방지하는 두 번째 팁은 백스윙 궤도입니다. 초보자들은 급격하게 공을 때리는 경향이 있습니다. 그렇게 되면 공을 깎아치기 때문에 슬라이스가 많이 발생합니다. 덮어서 공을 치는 '아웃 인 스윙' 말고 완만하게 스윙을 하는 '인 아웃 스윙'으로 공을 때리면 슬라이스가 날 확률이 크게 줄어듭니다.

아웃 인 스윙

인 아웃 스윙

세 번째 팁은 스틱을 구매해서 잘 활용하는 것입니다. 인 아웃 스윙을 하기 위해 긴 스틱을 공을 보내고 싶은 방향으로 바닥에 놓습니다. 그리고 그 각도에 맞춰 다운스윙을 하면 슬라이스가 방지됩니다.

마지막으로 빈스윙 연습을 많이 해보시는 것이 큰 도움이 됩니다. 너무 급하게 하지 마시고 부드럽게 천천히 해보세요. 마치 자신이 슬로우 모션을 하는 영화 속 주인공이 된 것처럼 빈스윙을 해보면 좋습니다.

비거리 증가법

초보자들은 공에 대한 정확도에도 관심이 있지만, 아무래도 거리에 대한 욕심도 있습니다. 비거리가 골프 점수를 좌지우지하기 때문입니다. 지금부터 제가 알려드리는 세 가지 팁을 잘 숙지하시면 비거리를 적어도 10m 이상 늘리실 수가 있습니다.

먼저 빈스윙을 연습합니다. 세트별로 10번씩 채를 빈스윙으로 휘두르시다 보면 자연스레 스윙에 대한 감각을 익히실 수가 있습니다. 처음에는 드라이버를 제대로 잡고 열 번을 빈스윙을 해봅니다.

그다음 세트에서는 채를 거꾸로 들고 또 열 번을 빈스윙합니다. 제대로 잡고 하는 것과 거꾸로 잡고 하는 것은 스윙할 때 소리가 다르게 납니다. 그 빈스윙을 여러 번 반복하면 비거리를 자연스럽게 증가시킬 수 있습니다.

다른 채가 있다면 새로운 채로도 빈스윙을 연습합니다. 그리고 마지막 피니시 자세도 꼭 유지하셔야 하고요. 비거리를 늘리려면 스윙의 속도가 중요한데 빈스윙은 스윙의 속도를 올리는 연습으로 아주 탁월합니다.

이렇게 총 3세트를 진행합니다. 여력이 있으신 분들은 5세트까지 진행해도 좋습니다. 한 세트에 19번이니 총 50번을 빈스윙하고 넘어가시는 분들은 무조건 10m 더 나가실 수가 있습니다.

제가 바로 산증인인데요. 예전에 180~190m 나가는 짤순이였는데 지금은 240m 나가는 장타자가 됐습니다.

빈스윙 연습 자세

채 제대로 들고 빈스윙

채 거꾸로 들고 빈스윙

다른 채로 빈스윙

그다음 비거리 증가법, 두 번째 팁은 구질을 변화시키는 것입니다. 슬라이스 구질을 잡았다면, 드로우 구질로 변화를 주는 것도 비거리를 늘릴 수 있는 좋은 방법입니다.

페이드는 공이 많이 굴러가지 않기 때문에 비거리를 늘리는 데 별 의미가 없습니다. 하지만 드로우는 10~20m 더 거리가 나가기 때문에 비거리를 늘릴 수 있는 한 방법이 됩니다. 물론 잘못되면 오비나 해저드에 빠질 확률도 높아지는 것이 사실입니다.

저는 수비적인 골프를 추천하는 편이지만 비거리 증가 면에서는 구질의 변화를 주는 것도 하나의 좋은 방법이라고 생각합니다. 드로우를 치려면 오른발을 뒤로 빼고 인 아웃 스윙을 하면 됩니다.

마지막 팁은 골프채를 바꿔 보는 것입니다. 거리가 안 나가시는 분들은 비거리가 좋은 골프채로 스윙을 해보면 확연히 비거리가 다르다는 것을 느끼실 수 있습니다. 스윙의 자세나 구질의 변화를 주지 않고도 단순히 골프채 하나를 바꾸는 것만으로도 비거리는 증가합니다.

비거리가 잘 나오는 제품 - 야마하 인프레스 UD+2

오비(OB) 내지 않는 방법

저처럼 싱글을 유지하려면 오비가 아예 안 나야 합니다. 하지만 초보자들이 자주 저지르는 실수가 바로 오비입니다. 오비가 나오는 순간 스코어는 잘 나올 수가 없습니다. 왜냐면 오비가 나면 벌타가 2점이 더해지기 때문입니다.

오비가 나오지 않기 위해서는 공이 똑바로 원하는 방향으로 정확하게 가야 합니다. 초보자들은 거리만 욕심을 내지 말고 공을 정확하게 자기가 원하는 위치에 보내는 연습을 해야 합니다. 똑바로 멀리 치는 연습, 멀리 못 쳐도 정확하게 공이 떨어지는 연습이 중요합니다.

오비를 내지 않는 첫 번째 팁은 바로 유틸리티입니다. 저는 첫 번째 홀에서는 드라이버를 안 잡습니다. 특히 제가 잘 모르는 골프장인 경우는 드라이버를 더욱 안 잡습니다. 불안한 감이 있기 때문입니다. 드라이버로 공격적인 스윙을 하지 마시고 더욱 안전한 스윙을 하는 자세가 차라리 낫습니다.

두 번째 팁은 채를 짧게 잡는 것입니다. 끝까지 채를 올려서 잡으면 거리는 분명 더 많이 나갑니다. 짧게 잡으면 거리는 10m 줄어들 것입니다. 줄어든 대신에 정확도는 더욱 높아집니다. 길게 잡으면 그만큼 정확도가 떨어져 실수할 확률이 커집니다. 만약 긴 채로 친다면 짧게 채를 잡으세요.

124　유튜브 행복골프 전코치의
한 달 만에 필드 나가기 프로젝트

세 번째 팁은 티(T)의 높이입니다. 드라이버보다 골프공의 절반 정도의 높이로 꽂아서 활용합니다. 그렇다고 너무 높게 꽂으면 슬라이스가 날 확률이 높습니다. '절반이나 절반보다 조금 높게'를 기억하세요. 초보자들이 실수로 티를 너무 높게 꽂는 경우가 많습니다. 너무 높게 꽂지 말고 너무 낮게도 꽂지 말고 적당한 높이에서 시작하시면 됩니다.

티를 꽂는 적정한 모양

(출처 : 네이버 쇼핑)

드라이버가 똑바로 가다가 슬라이스가 날 때가 있습니다. 이는 심리적인 요인이 큽니다. 오비를 내지 않는 네 번째 팁은 바로 자신감입니다. 연습할 때는 다들 편안한 마음으로 치는데요. 막상 필드에 가면 잔뜩 긴장해서 실수를 연발하게 됩니다. 평정심을 평소에 유지하는 습관을 들인다면 실전에서도 좋은 결과가 나타납니다.

지는 필드에 나가시 스윙을 힐 때는 속으로 주문을 외웁니다. '천천히…. 똑바로….' 이렇게 주문을 외우면 신기하게 천천히 똑바로 공이 맞혀집니다. 실수가 많은 분들은 우선 힘을 빼고 마음을 편안하게 갖도록 해보세요.

🏌 왕초보도 이해하기 쉬운 전코치의 골프 기본 상식!

해저드(Hazards)

함께 라운드를 하는 캐디가 매 홀마다 티샷을 하기 전에 해저드 지역에 대해 안내를 합니다. 보통 해저드라고 하면 워터해저드만 생각하는데 해저드는 벙커와 워터해저드를 통틀어 말합니다.

모래로 이뤄진 곳을 벙커라고 하고 물로 이뤄진 곳은 워터해저드라고 합니다. 해저드의 배치 설계에 따라 코스 설계자의 개성이 드러나고 그 필드만의 독특한 풍광을 연출합니다.

(출처 : 저자 작성)

왕초보 탈출 4주 차

전코치의 실전 강화로 필드 나가기!

스크린골프장
100% 활용하기!

드디어 4주 차까지 저와 함께 달려오셨습니다. 이제 아이언과 드라이버, 똑딱이와 풀스윙 등 골프 전반에 대한 기초 지식이 습득되셨을 것이라고 믿습니다. 용어나 유틸리티에 대한 지식도 중요하지만, 항상 강조한 것처럼 기본기를 장착하는 것이 무엇보다 중요합니다.

이제 슬슬 필드에 나가고 싶은 마음도 굴뚝같고 연습장에서의 연습이 지겨워질 때도 되셨을 것입니다. 무언가 꾸준히 할 수 있는 능력은 재미를 꾸준히 발견하는 노력과 같다고 생각합니다.

4주 차에서는 스크린골프장을 더욱더 활용할 수 있는 방법과 저의 골프 팁을 대방출하면서 여러분의 골프 실력 향상에 도움을 드리려고 합니다. 그러면 미지막끼지 힘차게 딜려보실까요?

시작 전 10분 연습시간을 이용하자

GDR이나 카카오VX에서 운영하는 대형 스크린골프장을 방문하면 시작 전에 10~15분의 연습시간이 있습니다. 저는 이 10분이라는 시간을 충분히 활용해볼 것을 권합니다.

본게임을 시작하기에 앞서 연습모드로 10~15분 정도 시간을 줍니다. 저는 그 시간 동안 긴 채를 안 잡고 퍼터부터 연습에 돌입합니다.

퍼팅모드로 바꿔 퍼팅부터 시작합니다. 우리가 앞서 함께 배운 내용을 복습하듯이 쳐봅니다.

연습모드 이용하는 장면

(출처 : 프렌즈스크린)

퍼팅 연습하는 장면

(촬영 장소 : 프렌즈스크린)

쇼트게임도 5m, 10m 해봅니다. 그다음에 20m도 진행합니다. 쇼트게임에 자신감이 붙었다면 바로 7번 아이언을 잡습니다.

자, 어떠신가요? 우리가 함께 연습한 것을 주어진 10분을 충분히 활용해 복습하는 것입니다.

7번 아이언을 할 때는 장갑을 끼고 합니다. 빈스윙을 몇 번 하고나서 스크린을 향해 스윙을 날립니다. 물론 피니시 자세도 유지하고요.

7번 아이언 연습하기

(촬영 장소 : 프렌즈스크린)

기본 어드레스 자세를 유지하고 뒤땅이나 탑볼 등이 생기지 않도록 유의하면서 스윙합니다. 마지막으로 드라이버도 스윙해보고요.

이렇게 전 과정을 다 하는 데도 5분이 남습니다. 그렇다고 서둘러 조급하게 전 과정을 할 필요도 없습니다. 시간이 되는 만큼 충분히 자세를 살피고 교정하면서 연습모드를 즐겨보시길 바랍니다.

드라이버 연습하기

(촬영 장소 : 프렌즈스크린)

스크린골프장에서 서비스로 제공하는 연습시간 동안 퍼터, 쇼트게임, 7번 아이언, 드라이버를 충분히 연습하는 것만으로도 실력은 꽤 향상됩니다.

아무래도 연습은 혼자 조용히 하는 것이 더 집중력이 올라갈 테니 여럿이 가기보다는 혼자 가서서 연습에 몰입해보시길 바랍니다.

실전 스크린골프장 이용 팁

4주 차의 주제는 연습을 실전처럼 하는 것입니다. 스크린골프장도 실전처럼 이용한다면 필드에 나가서도 괴리감 없는 실력을 마음껏 행사할 수 있습니다.

저는 GDR의 골프존, 카카오VX에서 운영하는 프렌즈아카데미와 카카오스크린, 그리고 SG골프필드를 모두 운용하고 있는데요. 초보자들에게 좋은 스크린골프장을 추천한다면 단연코 SG골프필드를 권해드립니다.

GDR과 카카오VX의 스크린골프장은 점수가 어느 정도 되시는 분들께 권하고, SG골프필드는 초보자분들에게 권하고 있습니다. SG골프필드를 추천해드리는 이유는 바로 초보자들에게 최적화된 연습모드 때문입니다. 다른 곳보다 훨씬 초보자들이 이용하기 쉽도록 편리하게 구성되어 있습니다.

스크린 치기 전에 본게임에 앞서 연습모드로 10분 정도 서비스 시간을 줍니다. SG는 연습모드에서도 거리 설정 등이 가능해 초보자들이 각자의 상황에 맞게 연습할 수 있도록 배려합니다.

연습모드 화면

앞의 화면은 SG골프필드의 꽃, '어프로치 모드'입니다. 5m 단위로 세세하게 거리 연습을 할 수 있고 그린 경도까지 다양하게 선택이 가능합니다.

100m 샷 화면

쉬운 경기 고르기 화면

(출처 : SG골프)

SG 스크린골프장의 또 다른 장점은 계절을 선택해 골프를 즐길 수 있다는 점입니다. 사계절 중 즐기고 싶은 계절을 골라 환경의 변화를 주면서 질리지 않게 연습할 수 있습니다.

그러면 연습모드에서 한번 쳐볼까요? 이렇게 연습을 하다가 자기가 원하는 지점에 가서 연습할 수 있습니다. 만약 100m 지점에서 샷을 하겠다 하면 그쪽으로 이동해 연습을 진행할 수 있습니다.

초등학생 미만의 골퍼들을 위한 키즈모드도 있어 가족이 함께 즐기기에도 좋은 시스템입니다. 거리가 기존 성인용보다 적게 책정되어 7살 이하나 초등학교 저학년 학생에게 적합한 시스템도 잘 구성되어 있습니다.

저는 게임할 때도 쉬운 것부터 하시라고 추천합니다. 별이 적을수록 경기가 쉬운 것입니다. 처음부터 너무 어려운 것을 시도하지 마시고 별 2개 미만 게임으로 연습량을 늘려가시는 것이 좋습니다. 괜히 골프 점수가 안 나온다고 스트레스 받으면서 연습하지는 마시길 바랍니다.

스크린골프장 1시간 도전하기

"머리 올린다"라는 말 많이 들어보셨을 것입니다. 필드에 처음 나갔을 때만 머리 올린다고 하지 않고 요즘에는 스크린에 첫 게임을 하러 갈 때도 같은 표현을 씁니다.

요즘에는 1만 원 정도 금액으로 스크린골프장을 이용할 수 있습니다. 사람이 많이 몰리지 않는 한적한 아침 시간을 활용해 연습해보시면 좋겠습니다.

이번에는 프렌즈스크린에서 1시간을 연습하려고 합니다. 프렌즈스크린도 연습모드로 5~10분 정도 시간을 줍니다. 짧은 시간이지만 연습하는 데 충분한 시간입니다. 초보자분들도 그 시간 동안 모든 채를 잡아보시면 좋습니다.

설정은 최대한 쉽게 하고 아이디와 비밀번호를 만들어 시작합니다. 바람도 약하게, 비기너로 하고, 남자는 화이트, 여자는 레드에서 연습을 시작하시면 됩니다. 남사 중에서 서리가 잘 안 나오시는 분은 옐로우에서 하면 됩니다.

프렌즈스크린은 기존 스크린골프장보다 유저들에게 보다 더 친근하게 다가갈 수 있다는 장점이 있습니다. 아무래도 우리에게 친숙한 캐릭터들이 반겨주기 때문일 텐데요. 그런 점 덕분에 실사 위주의 기존 스크린골프장보다 고객들의 진입장벽이 낮은 편입니다. 키즈 골퍼들이나 여성 골퍼들이 많이 선호하고 또 그들을 즐겁게 하기 위한 다양한 맵이 구성되어 있어 흥미로운 게임을 즐기실 수가 있습니다.

프렌즈스크린에 가면 맨 처음 아이디와 비번을 입력해 로그인합니다.

간편하게 QR코드로도 인증이 가능합니다. 중수 이상이면 가장 어려운 마스터로 연습해보시길 추천합니다. 초보자라면 비기너로 설정해 거리 보너스를 받아보는 것도 좋습니다.

난이도 설정하기

(출처 : 프렌즈스크린)

비기너 설정하기

앞의 화면처럼 필드 환경설정에 들어가서 스윙플레이트로 실제 경사와 비슷한 어려움으로 설정을 합니다. 자동 퍼팅 이어하기를 해야 게임 진행이 빠르다는 점도 참고하세요.

혼자 하는 것이 심심하고 힘드시면 좋은 파트너와 함께하는 것도 좋습니다. 파트너의 실력이 좋다면 함께하는 것이 더욱 실력 향상에 도움이 되고요. 초보자들끼리 모여서 치면 실력을 높이는 데는 별 도움이 되지는 않습니다. 멘토 같은 사람이 옆에 있다면 금상첨화입니다.

저도 예전에 직장 후배로 골프 프로였던 사람이 들어와서 많은 도움을 받았습니다. 그렇게 10년을 하면서 저도 프로가 됐고요. 그 친구와 함께 다니면서 골프의 소소한 팁도 배울 수 있었고 같이 연습도 하면서 실력이 상당히 좋아졌습니다. 나이와 지역 등을 감안해 동호회 같은 곳에 가입해서 즐겁게 활동하는 것도 추천합니다.

행복골프 전코치의
실전 강화

　10년 넘게 골프를 하다 보니 저만의 노하우가 쌓였습니다. 저도 처음에는 뭣도 몰라서 헤맨 적이 분명 있었습니다. 세월이 쌓이고 경험이 늘어난 만큼 전코치의 실전 팁도 점차 늘었습니다.

　여기서는 제가 알고 있는 다양한 골프 팁을 알려드릴까 합니다. 시간을 투자해 자기만의 비법을 알아가는 것도 좋습니다. 하지만 먼저 그 길을 간 사람에게 유용한 팁을 배우는 것도 괜찮은 일입니다. 저의 노하우가 여러분의 골프 실력 향상에 많은 도움이 되기를 바랍니다.

쿼터 쇼트커트 3·6·9법칙

3·6·9법칙은 거리를 3m, 6m, 9m 보낼 때 스윙 크기를 조절하는 방법입니다. 3m는 발과 발 사이, 6m는 발 바깥쪽과 바깥쪽, 9m는 가상의 발을 하나 더 만들어 스윙합니다.

먼저 3m를 해봅니다. 발과 발 사이에서 천천히 스윙을 정확하게 합니다. 그다음은 6m인데요. 골프존이 아쉬운 것은 5m만 설정할 수 있다는 것입니다.

5m와 6m의 차이는 사실 큽니다. 타이거 우즈나 최경주 선수가 와도 6m를 넣을 확률은 50%, 60% 정도밖에 되지 않습니다.

그래서 6m, 9m를 칠 때는 꼭 공을 넣으려는 생각은 하지 마시고 가까이 붙이되 너무 멀리 떨어지지 않게끔만 하시면 됩니다.

3m 쿼터 연습 샷

6m

9m

쇼트게임은 이렇게만 따라 하세요

이번에는 쇼트게임 시범을 보여드리겠습니다. 쇼트게임 3m는 발과 발 사이에서 스윙이 왔다 갔다 하면 됩니다. 초보자들이 가장 많이 실수하는 것이 '손목 장난질'입니다.

손목만 쓰지 마시고 그대로 퍼터와 손이랑 팔이 하나의 몸이라고 생각하고 같이 움직여야 합니다. 그래야 일정한 각도와 힘이 생기게 됩니다.

그다음에 3m 빈스윙을 해봅니다. 항상 공을 치기 전에 빈스윙을 하는 습관을 들여놓으시면 좋습니다. 3m 스윙을 한다면 실제로도 3m 빈스윙을 해보는 것입니다.

　시선은 끝까지 바닥을 보고 고정합니다. 공이 날아가더라도 몸을 틀어서 공을 보면 안 됩니다. 그래야 공을 원하는 지점까지 칠 수가 있습니다. 공이 들어간 것은 눈으로 확인하지 말고 땡그랑 소리가 났다는 소리로만 확인하셔야 합니다.

3m 빈스윙하는 자세

　다리는 고정한 상태에서 어깨는 살짝 구부려 스윙합니다.

쇼트게임에서의 어깨 모양

　10m를 칠 때는 초보자들은 조급해하지 말고, 그냥 가까이 친다는 느낌으로 치세요. 10m를 제대로 친다는 것은 제아무리 유명한 선수가 와도 어려운 일입니다. 너무 욕심내지 말고 근접 거리에 공을 놓는다 생각하고 스윙하시기 바랍니다.

첫 번째, 채의 축을 그대로 두고 스윙 연습을 합니다. 채를 들고 이리저리 흔들 듯이 스윙을 하면 절대로 좋은 결과가 나올 수 없습니다.

채의 축을 흔들지 않기

두 번째, 공은 떠나가는 순간, 내 것이 아니라는 생각으로 절대로 쳐다봐서는 안 됩니다. 공이 어디로 갔든 공이 원래 있던 그 자리, 그러니까 공을 친 곳만 쳐다보면 됩니다.

공에 시선을 두는 자세

어디서도 알려주지 않는 어프로치 비법

쇼트게임이 안 되시는 분들, 어프로치가 잘 안 되시는 분들은 주목해주세요. 어프로치를 잘하려면 특별한 비법이 있습니다. 그건 바로 '소리로 쳐라!'입니다. 어프로치를 소리로 치라는 것입니다. 이것이 무슨 뜻일까요?

먼저 '쿵' 하고 묵직하게 떨어지는 소리가 나면 뒤땅입니다. 그다음에 철퍼덕하는 까는 소리가 들려도 잘못된 어프로치입니다. 잘된 어프로치는 '삭' 하는 소리가 들려야 합니다. '삭', 이 '삭'을 잘 기억해두시길 바랍니다.

많은 아마추어 골퍼들이 겪는 안타까움인데요. 자세와 채의 각도는 기가 막히게 신경을 쓰고 주의를 합니다. 하지만 거리를 보내기 위한 공에 신경을 더 쓰느라 막상 마음은 조급해서 소리에 신경을 쓰지 못해요.

어프로치의 소리에 신경을 쓰려면 자연스럽게 시선이 공에 머무를 수밖에 없습니다. 물론 날아가는 공을 보는 것이 아니고 치기 전의 공에 집중하는 것입니다.

하지만 거리에 신경을 쓰면 나도 모르게 고개를 들어 날아가는 공을 보는 헤드업이 생깁니다. 그러면 절대 공을 원하는 위치까지 보낼 수가 없습니다. 어프로치를 잘하려면 '삭!' 이 소리에 주목해주세요.

어프로치 자세

내가 하는 스윙이 잘되고 있는지 확인하려면 디지털의 도움을 받는 것도 좋습니다. 스윙분석기 하나 정도 장만하셔서 스윙 실력을 향상하는 데 도움을 받아보세요.

사진으로 익히는
포인트 레슨

(출처 : 저자 작성, 이하 동일)

여기는 값비싼 골프장이 아닙니다. 일명 미니 골프장으로, 파3, 9홀 2만 원에서 3만 원 정도입니다. 인도어 야외연습장과 붙어있고, 인도어 연습 후 파3장 연습코스로 잡으면 2~3시간 동안 연습이 가능합니다.

보통 짧게는 50m에서 150m까지 다양한 클럽으로 저렴하게 이용이 가능합니다. 꼭 초보가 아니더라도 중수, 고수도 부담 없이 찾을 수 있습니다. 집에서 20~30분 거리에 파3장이 있을 텐데, 실력을 기르기 위해서는 일주일에 한 번 정도는 방문해야 합니다.

가장 큰 장점은 캐디가 동반하지 않으므로, 한 번 치고 다시 치기 힘든 필드와는 달리 마음껏 칠수 있다는 것이 장점입니다.

필자가 항상 강조하는 것은 쇼트게임, 즉 어프로치와 퍼팅을 잘하는 것입니다. 드라이버, 아이언을 사용하는 구간이 아닌 짧은 구간에서 점수를 확 줄여야 합니다. 이렇게 디봇을 내야, 공이 휘거나, 스핀을 먹고 지면에 닿거나 말거나 공을 세울 수 있습니다. 그래야 그린에 안전하게 올릴 수 있는 것입니다.

초보자 대부분이 그렇듯이 블로어스윙으로 디봇(일명 돈가스)을 내기 힘들어서 그린에 올라가서 서질 않고 계속 굴러가서 러프에 빠집니다. 어떤 분은 잔디 파는 것이 미안해서 못 판다고 합니다. 필자도 초보 때는 눈치를 보며 못 파기도 했습니다. 하지만 전혀 미안해 하지 않아도 됩니다. 연습스윙 시 파는 것은 눈치가 보일 수 있지만, 실전에서는 과감히 디봇을 내야 합니다. 그리고 디봇을 낸 걸 다시 가져와 발로 눌러 잔디가 다시 나게끔 하는 것이 예의입니다.

발보다 공이 높이 있는 경우라면 공이 높이 있으므로 일단 그립을 짧게 잡고 무릎을 평소보다 펴면 자세가 안정됩니다. 한 클럽 더 긴 채로 잡고, 하프스윙을 해야 합니다. 그 이유는 풀스윙 시 자세가 흐트러지기 때문입니다. 그리고 깃대보다 항상 오른 오른쪽을 봐야 공이 훅으로 휘는 것을 막을 수 있습니다.

발보다 공이 밑에 있는 경우는 공이 발보다 높이 있을 때와 반대로 하면 됩니다. 그립은 최대 한 끝을 잡고, 무릎은 평소보다 더 구부려야 합니다. 경사가 심할수록 거의 투명의자 자세로 앉고 다리는 벌려서 머리의 움직임을 최소화해야 합니다. 항상 한 클럽 더 잡고 하프스윙하는 것을 잊지 마세요.

왼발 슛할 때 발이 왼발보다 낮은 경우는 경사진 오른쪽으로 체중이 쏠리기보다 오히려 왼발에 60% 이상 가져가야 합니다. 그래야 탑핑이 나오지 않습니다. 공이 생각보다 더 뜰 수 있으므로 한 클럽 여유 있게 치시기 바랍니다. 공을 칠 때 가운데보다 살짝 오른발 쪽에 어드레스하세요.

왼발이 오른발보다 낮은 경우에는 체중은 사진처럼 왼발에 놓고 공위치도 공 하나 정도 오른발 쪽에 세팅합니다. 가장 유의할 점은 내리막이다 보니 공이 더 멀리 갈 수 있으니 한 클럽 작게 그립을 짧게 잡아야 합니다. 그리고 풀스윙보다는 펀지샷 느낌으로 눌러 쳐야 탑핑이 나오지 않습니다.

　30m 피치샷(깃대가 앞핀이라 공을 띄워야 할 때)이라면 왼발에 공을 놓습니다. 공을 띄워야 한다면 모든 샷이 마찬가지입니다. 왼발 쪽이 잘 뜨고, 오른발 쪽이 많이 구른다. 앞핀이라 그린 공간이 적기 때문에 러프나 프린지를 한 번 맞아야 공이 잘 섭니다. 바로 그린에 맞았을 때는 스핀이 적은 초보일수록 공이 많이 구릅니다. 이런 경우는 난이도가 높기 때문에 피치샷과 러닝어프로치를 항상 같이 연습해두셔야 합니다. 그러면 필자처럼 투온은 아니더라도 쇼트게임에서 자신감이 생길 것입니다.

여기는 방콕에서 가장 유명한 탑골퍼 다음으로 유명한 인도어입니다. 방콕에 갈 때 한번은 들려볼 만한 가치가 있다고 생각합니다. 50m 지점마다 작은 그린이 있어 아이언 연습하기 좋게 되어 있습니다. 1층에는 타석마다 골프 시뮬레이터가 있어 인도어와 실내연습장의 장점을 극대화했습니다. 각 타석마다 4명이 들어올 수 있어 여유롭고, 음식 메뉴가 많아서 맥주 한잔하면서 천천히 연습하기가 좋습니다.

이 곳은 경기도 남양주 와부읍 덕소의 한 인도어 연습장입니다. 필자는 항상 타깃을 두고 그쪽에 떨어지는 연습을 합니다. 떨어지는 지점에 표기된 연습장 위주로 다니시기 바랍니다. 항상 50m 100m 130m 150m 등 표기된 곳으로 가서, 짧은 클럽부터 우선순위로 연습하는 것이 좋습니다. 짧은 채가 긴 채보다 힘이 덜 들고 쉽기 때문입니다.

　20m 러닝 어프로치 요령을 알려드리겠습니다. 깃대와 러프 사이 그린 공간이 충분하다면 띄우는 것보다 굴리는 것이 유리합니다. 52도나 48도로 헤드가 무릎과 무릎 사이로 똑딱이 하듯이 하고, 왼발에 체중 고정 후 손목도 움직임 없이 부드럽게 샷을 해야 미스샷을 줄일 수 있습니다.

페어웨이 그린공략법을 알려드리겠습니다. 일반적인 페어웨이 그린에서는 평소 아이언 치듯이 디봇을 내면 안 되고, 탑볼치는 느낌으로 쳐 디봇만 올 걷어낼 수 있습니다. 그리기 위해서는 한 클럽 더 잡고 쳐야 합니다. 제일 중요한 것은 머리를 들지 말아야 한다는 것입니다.

벙커샷 시 앞턱이 높으면 절대 긴 채로 치지 말아야 합니다. 수비적으로 레이업한다는 생각으로 S(56도), A(52도), P(48도) 등으로 높이 띄우거나 턱 경사도에 따라서 평소보다 짧은 클럽으로 쳐야 합니다. 자료 사진은 필자가 겨울마다 전지훈련으로 가는 타나시티 CC입니다. 방콕공항에서 15분 거리에 있고, 1,000만 원으로 평생 회원권을 구입하면 인당 그린피, 카트비, 캐디 비용 등 다 합쳐서 6만 원이면 골프를 즐길 수 있습니다.

필자가 태국 방콕 타나시티 CC에서 이글샷이 들어가는 영상을 캡처한 것입니다. 이글뿐 아니라 파5에서 세컨드 180m 남은 상태에서 깃대를 맞고, 그대로 들어가서 앨버트로스도 기록했습니다. 골프 인생 15년 만에 온 엄청난 행운이었습니다.

아이들은 그냥 골프에는 흥미가 잃기 쉽기 때문에 키즈 전문 골프아카데미를 가면 좋습니다. 또래도 많고, 게임을 많이 하므로 재밌고 자연스럽게 골프에 흥미를 느낄 수 있습니다.

외국에 간다면, 외국 프로에게 개인지도를 받는 것을 추천합니다. 언어에 능통하지 않아도 소통이 가능하고, 무엇보다 영어회화 실력을 향상시키는 데 도움이 됩니다. 국내 프로들에게 배우는 것은 비슷비슷하지만, 전달방식이 새롭기 때문에 신선하고 재미가 있습니다.

필자도 프로지만 계속 레슨을 받습니다. 일류선수들도 스스로 자세를
확인하고 교정하기 어렵기 때문에 누군가가 봐주고 교정해야 하므로 지속
적인 레슨을 받는 것이 좋습니다.

　도로 근처나 정리가 잘 안 된 러프에서 공을 칠 때는 순간적으로 더욱
집중해야 합니다. 평소 경험해보기 힘든 곳에서 치는 것이기 때문에 심리
적으로 압박감이 심합니다. 다양한 트러블 상황에서 공을 쳐봐야 합니다.
좋은 곳에서만 가져다놓고 치는 버릇을 들이면 절대로 실력이 늘지 않는
다는 점을 잊지 마세요.

　벙커 인근 러프에서는 심리적으로 불안해져서 정확히 맞추기가 힘듭니다. 절대로 풀스윙을 하면 안 되고, 하프스윙과 상체 위주로 스윙해야 정확히 맞출 수 있습니다. 치기 전 빈 스윙을 두 번 이상 하시는 것을 잊지 마세요. 실제 선수들도 최소 4~5번 이상 빈 스윙을 합니다.

에임을 잘 못잡는 골퍼들은 근처 디봇이나 나뭇잎 등으로 위치를 파악하는 것이 좋습니다. 그것이 힘들다면 다른 채를 하나 더 가져와 공 위에다 놓고 핀 방향대로 놓으면 치기가 편합니다. 눈치는 보지 마십시오. 아무도 신경 쓰지 않습니다.

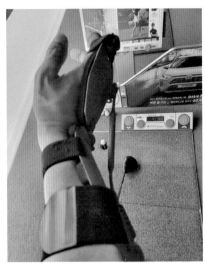

　요즘에는 골프 보조기구가 많이 나와 있습니다. 만약 눌러 치지 못하고, 디봇이 안 나서 쓸어 치거나, 코킹이 잘 안 되시는 분은 보조기구를 이용하세요. 오른팔에 끼고 코킹 억제 및 손목 풀림방지기능이 되니 이용해보시기 바랍니다.

많은 인도어 연습장이 있는데 대부분 닭장같은 연습장이 많습니다. 거리가 짧으면 드라이버 쳤을 때 공의 구질이 잘 안 보이기 때문에 답답할 수 있습니다. 짧고, 평범한 곳보다 이렇게 수중 연습장을 가면 더욱 재미가 있습니다. 공이 뜨기 때문에 배가 와서 공을 건져 갑니다. 국내에서 경기도에 기흥저수지와 판교 쪽에 수중 연습장이 있습니다.

많은 골퍼들이 물을 넘겨 공을 쳐야 할 때, 상당한 심리적 부담감을 느낍니다. 지인 중에는 물 넘기는 곳만 가면 벌벌 떨며, 항상 치기 전 자기는 물에 들어갈 것 같다고 합니다. 그렇게 치면 실제로 공이 물에 빠집니다. 팁을 하나 알려드리자면 절대로 물을 보지 말고, 공만 보고 치셔야 합니다. 상상으로 여긴 연습장이라고 생각하고 치는 방법도 있습니다.

라운드에 나서시기 전에 스크린 게임을 하고 가는 것을 추천드립니다. 지도를 어느 정도 알고 가면 벙커. 해저드 위치 파악뿐 아니라 그린 경사도도 피악이 됩니다. 기기디 스크린 치면서 유듀브로 해당 골프장 찾이보면 웬만한 골프장 공략법이 잘 나와 있으니 참고하시면 도움이 될 것입니다.

벙커를 연습한다면 공을 열 개 정도 일렬로 놓고, 공 뒤에 선을 긋습니다. 그리고 공을 치지 말고 공 뒤 선을 보고 칩니다. 자연스럽게 모래를 적당히 파서 탑볼이 안 나고, 공이 잘 뜰 수 있을 것입니다. 꼭 최대한 채를 열고 치고, V자 라인으로 가파르게 스윙하셔야 합니다.

유튜버 행복골프 전코치의
한 달 만에 필드 나가기 프로젝트

 퍼터 연습할 때는 한 방향에서만 하면 안 됩니다. 깃대를 기준으로 모든 방향에 공을 놓아두고 치는 훈련을 해야 합니다. 이 방법의 좋은 점은 다양한 경험을 할 수 있어서 실전에서 잘 활용할 수 있다는 것입니다.

우리나라의 가장 큰 문제점은 잔디를 깔 수 있는 연습장이 아주 적다는 것입니다.

그나마 수도권에서 유일한 곳이 인천 영종도의 가장 큰 드라이빙 레인지 안에 있습니다.

팁을 하나 알려드린다면, 집 근처 미니 파3장에 가서 저렴하게 잔디 골프를 즐길 수 있으니 잔디에서 쳐보세요.

이제 거리측정기는 필수품입니다. 시계형, 휴대폰형도 있지만, 사진처럼 레이저로 찍는 것이 정확합니다. 캐디의 말에 의존하지 말고 레이저측정기를 항상 가지고 다니시는 것이 좋습니다. 캐디도 사람인지라 실수로 거리를 짧거나 길게 이야기할 수 있다는 점을 기억하세요.

골프방송 출연(출처 : Jtbc golf 〈골프어택〉, 2018년 11월 14일 방송)

저는 골프방송에도 몇 번 출연한 경험이 있습니다. 농구공으로도 연습 법이 있습니다. 골프채보다 무거운 공으로 스윙을 연습하고 바로 골프채 를 잡는다면 골프채가 가벼운 느낌이 들어 훨씬 편하게 칠 수 있습니다.

야외연습장에 가서 그냥 스윙연습만 하면 지루할 수 있습니다. 요즘 거리측정기·스윙분석기가 많이 나와 있다. 사진상의 제품은 가장 저렴하고 중고장터에도 많아서 10만 원 정도의 비용으로 거리 및 스윙 분석까지 해줍니다. 1,000만 원 이상 고가의 장비가 부럽지 않습니다.

저는 골프 관련 월례회만 4군데 이상 다닙니다. 월례회의 장점은 비용이 단체팀이기 때문에 저렴하다는 것입니다. 거기다 우승, 니어. 롱기스트 등 다양한 상품에 도전해볼 기회도 생기니 좀 더 재미있게 골프 라이프를 즐길 수 있습니다.

에필로그

공격보다 수비 지향의 골프

우리가 만난 지 벌써 한 달이 지났습니다. 어떠신가요? 원하는 성과를 거두셨을까요? 저는 최근에 언더파를 달성하고 한국 미드 아마추어 대회에 나가 입상하는 것을 목표로 다시 달리고 있습니다. 여러분도 각자의 상황에 맞춰 잘 달리고 계신 지 궁금합니다.

한 달이라는 시간은 짧은 시간이기도 하지만 결코 짧지 않은 시간이기도 합니다. 오늘의 골프 실력이 내일은 또 어떻게 성장할지 아무도 모르는 일입니다. 더구나 일주일이 지나고 또 4주가 지나면 괄목할 만한 성장을 이루어낼 수도 있습니다. 저는 여러분이 제 코치를 믿고 잘 따라 오셔서 원하는 성과를 거두셨기를 진심으로 바라고 있습니다.

이 책의 내용 그대로 유튜브 채널도 운영하고 있습니다. '행복골프 전코치', '대박골퍼 전코치'로 검색하셔서 제 유튜브 채널을 꾸준히 구독하시는 것도 도움이 크게 되실 것입니다. 개인 레슨을 원하시는 분들은 카카오톡 (카카오톡 아이디는 작가 소개를 참고)으로 저에게 개별적으로 연락을 주셔도 좋습니다. 필드 레슨을 저렴하게 진행하고 있으니 저와 함께 필드에 나가 실전을 경험하는 것도 추천해 드립니다.

앞으로 저는 계속 골프를 하면서 여러분에게 실질적인 도움이 되는 좋은 유튜브 영상을 올리고 후속책도 더 쓸 예정입니다. 골프사업도 운영할 예정이니 많은 관심과 응원도 부탁드립니다.

저는 골프는 공격의 스포츠라기보다 수비의 가까운 스포츠라고 여깁니다. 남을 이기기 위한 골프보다 나를 단련하고 스스로를 이겨내는 골프가 진정한 골프라고 생각합니다. 끝없는 나와의 싸움, 그 싸움에서 이길 때의 쾌감이란 이루 말할 수가 없습니다. 여러분도 그런 경험, 꼭 누리시길 바라며 언제나 건승을 기원합니다. 감사합니다.

유튜버 행복골프 전코치
전은규

부록

플레이 관련

골프 경기의 종류는 공식적 방식으로만 해도 30여 가지가 넘습니다. 그 중 가장 기본이 되는 것은 모든 홀의 스코어를 합산하는 '스트로크 플레이'와 홀마다 승패를 결정짓는 '매치 플레이'입니다. 나머지 방식은 이 두 가지 방식을 여러 형태로 조합한 것이라 할 수 있습니다.

'스트로크 플레이'는 많은 골퍼가 선호하는 경기 방식으로 각 홀을 플레이한 타수를 총합해서 최소 타수인 사람이 우승자가 되는 경기입니다.

'매치 플레이'는 1:1 대전 경기 방식으로 홀마다 타수의 많고 적음에 따라 승부를 겨뤄서 이긴 홀이 많은 쪽이 승자가 되는 경기입니다.

플레이가 시작된 뒤 매너는 동반자 배려, 정직하고 신속한 플레이, 안전 지향으로 요약됩니다. 준비 루틴이 많아 시간을 오래 끄는 것은 비매너로 꼽히기에 스윙을 위한 어드레스 이후에는 연습을 최소화하는 것이 좋습니다. 타인이 티샷을 할 때는 대화를 멈추고 조용히 하는 것이 기본 매너입니다. 아울러 초보자들이 가장 많이 하는 실수 중 하나는 멀리건을 먼저 선언하는 것입니다. 스크린골프에서는 미리 정해진 개수만큼 스스로 멀리건을 선택할 수 있지만, 필드에서는 동반자가 허가해줬을 때만 받을 수 있습니다.

퍼트(Put)
그린에서 공을 홀에 넣기 위해 치는 것

투온(Two on) 또는 쓰리온(Three on)
샷을 두 번이나 세 번 쳐서 공을 그린에 올려놓는 것

티(Tee)
각 홀에서 첫 번째로 공을 치는 출발 지역으로 좁고 평탄하다. '티'라고 하는 나무 또는 플라스틱으로 만든 못 위에 골프공을 얹어놓고 친다. 이후 샷부터는 공을 그라운드에 놓인 대로 친다.

티업(Tee Up)
골프 각 홀(Hole)에서 경기를 시작하기 위해 티(Tee)에 공을 놓고 치는 것

티오프(Tee Off)
공을 받쳐놓는 핀 위에 공을 올려놓고 침으로써 플레이가 시작되는 것

티샷(Tee Shot)
홀에서 경기를 시작할 때 처음 치는 제1타

칩 샷(Chip Shot)
20m 이내의 그린 안팎에서 홀을 향해 공을 쳐올리는 것

어드레스(Address)
플레이어가 공을 치기 위해 발의 위치를 정하고 클럽 헤드를 지면에 놓아 둔 채로 있는 상태. 세트업(Set Up)과 같은 뜻으로 쓰인다.

어프로치(Approach)
그린에 있는 핀으로 공을 가까이 붙이기 위한 샷

드롭(Drop)
플레이 중 공을 잃어버렸거나 경기할 수 없는 위치에 볼이 놓였을 때 규정에 따라 경기가 가능한 위치로 공을 옮겨놓거나 새로운 공을 다시 놓는 것

퍼팅(Putting)
퍼터로 공을 홀 쪽으로 굴리는 것

멀리건(Mulligan)
최초의 샷이 잘못되어 벌타 없이 주어지는 티샷

피치 샷(Pitch Shot)
아이언으로 공에 백스핀을 가해 높이 쳐올려서 목표 지점에 착지한 후 거의 구르지 않고 정지하도록 치는 타법

더프(Duff)
타구 시 공을 정확히 맞히지 못하고 볼공 뒤땅을 치는 것

덕 훅(Duck Hook)
오른쪽에서 왼쪽으로 심하게 곡선을 그리는 낮은 샷

하프스윙(Half Swing)

풀스윙을 반 정도의 힘으로 줄여서 하는 스윙

칩(Chip)

비교적 낮은 탄도의 짧은 어프로치 샷

칩 앤 런(Chip and Run)

4, 5번 아이언과 같은 짧은 로프트를 가진 클럽으로 치는 샷을 뜻하며, 그린의 가장자리나 러프에서 주로 사용한다.

코스 관련

골프 코스는 보통 18홀을 1단위로 하며, 18홀을 플레이하는 것이 1라운드입니다. 골프는 이 18홀에서 골프공을 적은 횟수로 쳐서 다 넣는 사람이 이기는 경기입니다. 18홀에는 1번부터 18번까지 홀 번호가 붙어 있고, 1번부터 9번까지를 아웃(Out), 10번부터 18번까지를 인(In)이라 합니다. 또 18홀을 반으로 나누어 9홀씩을 '아웃 인' 혹은 '하프'라고도 합니다. 골프 코스에 따라 27홀, 36홀 이상인 코스가 있는 곳도 있습니다.

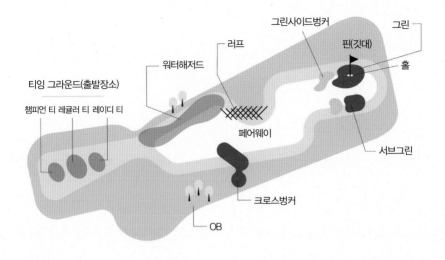

필드(Field)

골프 코스. 골프 코스 플레이 시 사람들이 "필드 나간다"라고 말한다.

라운드(Round)

골프 코스의 18홀을 플레이하는 것이 1라운드라고 한다. 골프 코스 플레이 시 "라운딩 나간다", "라운딩 돈다"라고 말한다.

클럽하우스(Club House)

플레이 중 휴식, 탈의, 샤워, 식사, 담화 등을 위한 공간이 있는 건물

홀(Hole)

그린에 생성돼있는 공을 넣는 구멍으로 멀리서도 볼 수 있도록 깃대가 꽂혀있다. 홀은 각 코스를 지칭해서 "한 홀이 지났다" 등으로 표현하기도 한다. 1개의 홀은 티잉 그라운드, 스루 더 그린, 그린, 페널티 4개 구역으로 구성되어 있다.

티잉 그라운드(Teeing Ground)

홀마다 공을 처음 치는 구역. 티박스라고도 불리며, 티샷으로 플레이를 시작하는 홀의 출발 위치다.

레이디 티(레드 티)

여성이나 어린이를 위한 티잉 그라운드로 홀과의 거리가 가장 짧다.

레귤러 티(화이트 티)

일반 남성, 여성 상급자, 여성 프로, 청소년 선수를 위한 티잉 그라운드로, 레이디 티보다 홀과의 거리가 멀다.

챔피언 티(블루 티)

남성 상급자, 남성 프로를 위한 티잉 그라운드로, 홀과의 거리가 가장 멀다.

스루 더 그린(Through The Green)

페어웨이와 러프를 합쳐서 스루 더 그린이라 한다. 페어웨이는 공을 타격하기 좋게 잔디를 잘 다듬어 놓은 구역, 러프는 그린 근처와 페어웨이의 가장자리를 따라 있는 곳으로 통상적으로 키 큰 풀이 있는 구역이다.

그린(Green) 1

퍼팅을 하기 위해 잔디를 짧게 다듬어 정비해둔 구역이다.

페어웨이(Fairway)

티잉 그라운드와 그린 사이에 잔디가 짧게 깎여 치기 좋은 구역을 칭한다.

페널티(Penalty)

코스의 난이도 또는 조경을 위해 코스 내에 설치한 장애물로 벙커와 워터 해저드 등이 있다.

워터해저드(Water Hazard)

보통 물에 빠지거나 치지 못하는 구역을 해저드라고 표현한다. 해저드에 빠지면 벌타 1타가 추가된다.

벙커(Bunker)

흙, 모래라 생각하면 된다. 벙커도 위치에 따라 부르는 명칭이 있지만, 그냥 통상 벙커로 불린다. 벙커에 떨어지면 치기가 굉장히 까다롭다.

러프(Rough)

풀이 길어 치기 불편한 곳이라 생각하면 편하다. 페어웨이보다는 풀이 길어 치기가 까다롭고 장타를 치는 데 어려움이 있다.

그린(Green) 2

홀컵이 있는 곳. 여긴 잔디가 짧고 잘 다듬어져 있으며 홀컵이 있는 곳이라 퍼팅을 하는 곳(마무리)이다. 샷마다 그린에 올려놓는 것이 가장 중요하다고 할 수 있다.

홀컵(Hole Cup)

공을 넣는 곳으로 홀컵에는 깃발이 꽂혀 있어 위치를 알 수 있으며 여기에 공을 넣으면 그 홀은 종료가 된다.

아웃코스(Out Course)

코스를 출발하는 전반 9개의 홀

인코스(In Course)

코스를 끝내고 들어오는 후반 9개의 홀

스코어 관련

　골프는 스코어 용어와 계산이 까다로운 스포츠입니다. 스코어가 높은 쪽이 이기게 되는 보통의 스포츠와는 반대로 낮은 스코어가 우승을 차지하고, 라운드를 도는 동안 스코어 카드에 플레이어의 타수와 벌타 등을 기록하여 18홀이 끝난 후 최종 스코어를 계산합니다. 통상 18홀 기준으로 파3 홀 4개, 파4 홀 10개, 파5 홀 4개로 구성되어 있는데 파3, 파4, 파5라고 하는 것은 해당 코스별 기준 타수입니다. 예를 들어 파3 홀에서 기준 타수인 3번 만에 홀에 공을 넣으면 파를 기록하게 됩니다. 이렇게 코스별 기준 타수대로 경기를 마치게 되면 72타가 됩니다.

Tee Time: _____ Flight No.: _____

HOLE	1	2	3	4	5	6	7	8	9	OUT	1	2	3	4	5	6	7	8	9	IN	TOT	HCP	NET
BLACK	394	184	449	595	410	417	331	157	514	3454	399	182	413	353	564	221	434	517	450	3533			
GOLD	376	173	428	570	387	403	315	140	490	3282	381	168	386	336	543	196	413	497	425	3345			
BLUE	360	159	408	530	381	382	289	132	475	3116	368	155	366	314	531	181	396	491	406	3208			
WHITE	322	139	380	494	351	355	267	116	446	2870	352	134	346	290	496	148	376	469	358	2969			
RED	295	113	355	489	323	352	213	101	420	2641	327	116	320	269	458	124	337	415	336	2702			
PAR	4	3	4	5	4	4	4	3	5	36	4	3	4	4	5	3	4	5	4	36	72		
HANDICAP	11	17	5	1	7	9	13	15	3		12	18	8	14	2	16	10	6	4				

Player:　　　　　　　　　　　　　Marker:　　　　　　　　　　　　　Date:

파(Par)

티를 출발해 홀을 마치기까지의 정해진 기준 타수. 보통 파 3, 4, 5타를 기준 타수로 정하고 있으며 여성 골퍼의 경우 6타의 홀까지 있다. 규정 타수로 홀 아웃했을 때 "파 했다"라고 한다.

파3(Par 3)

'파 쓰리'라고 부르며, 공을 세 번 이내로 홀에 넣어야 파가 되는 코스로 '쇼트 홀'이라고도 한다.

파4(Par 4)

'파 포'라고 부르며, 공을 네 번 이내로 홀에 넣어야 파가 되는 코스다.

파5(Par 5)

'파 파이브'라고 부르며, 공을 다섯 번 이내로 홀에 넣어야 파가 되는 코스로 '롱홀'이라고도 한다.

오버 파(Over Par)
규정 타수(파)보다 많은 타수

이븐 파(Even Par)
파와 같은 수의 타수

언더 파(Under Par)
규정 타수(파)보다 적은 타수

홀인원(Hole In One)
티 그라운드에서 1타로 볼이 홀에 들어가는 것

콘도르(Condor)
기준 타수보다 4번 적게 쳐서 홀인하는 것이다. 4언더라고도 한다.

버디(Birdie)
한 홀에서 파보다 하나 적은 타수로 홀인하는 것이다. 1언더라고도 한다.

이글(Eagle)
한 홀에서 파보다 2개 적은 타수로 홀인하는 것이다. 2언더라고도 한다.

앨버트로스(Albatross)
한 홀에서 파보다 3타 적게 홀인하는 것으로 3언더라고도 한다. 한편, 파 5 홀을 2타로 넣었을 경우로 미국에서는 더블 이글이라고 한다.

콘도르(Condor)
기준 타수보다 4번 적게 쳐서 홀인하는 것으로 4언더라고도 한다.

보기(Bogey)
기준 타수보다 1타 더 쳐서 홀인하는 것으로 1오버라고도 한다.

더블보기(Double Bogey)

기준 타수보다 2타 더 쳐서 홀인하는 것으로 2오버라고도 한다.

트리플보기(Triple Bogey)

기준 타수보다 3타 더 쳐서 홀인하는 것으로 3오버라고도 한다.

쿼드러플 보기(Quadruple Bogey)

기준 타수보다 4타 더 쳐서 홀인하는 것으로 4오버라고도 한다.

더블 파(Double Par)

파의 2배 많은 숫자로 홀인하는 것이다. 예를 들어 파 3홀에서는 6번 만에 넣는 경우 또는 그 이상이다. 양파라는 용어로도 쓴다.

기초 골프 용어 모음

ㄱ

그립(Grip)

클럽 샤프트의 손잡이 또는 샤프트를 쥐는 동작. 가죽이나 고무로 감긴 부분이다.

골프 코스(Golf Course)

골프 경기를 할 수 있게 조성된 경기장. 정식 코스는 18홀 이상이고 규정 타수는 70~73타 정도가 대부분이다.

그린(Green)

깃대와 홀컵이 있는 곳. 잔디를 짧게 깎고 잘 다듬어 놓은 퍼팅 지역이다.

ㄴ

내추럴 그립(Natural grip)

야구 배트를 쥐듯이 그립을 잡는 방법. 열 손가락으로 그립하는 것으로 일명 베이스볼 그립법이라고 한다.

넥(Neck)

클럽 헤드와 샤프트가 연결되는 부분

뉴트럴 그립(Neutral grip)

샤프트와 엄지손가락이 일치하게 잡는 그립법. 가장 기본적인 방법이다.

ㄷ

드라이버(Driver)

1번 우드. 비거리가 가장 많이 나는 클럽으로 주로 티샷용으로 활용한다.

다운 블로(Down Blow)

공을 치기 위한 스윙의 단계. 뒤로 올라간 상태에서 공을 치기 위해 내려오는 과정이다.

다운스윙(Down Swing)

클럽이 아래 방향으로 공까지 움직이는 스윙 부분

더프(Duff)

타구 시 공을 정확히 맞추지 못하고 공의 뒷땅을 치는 것

드로(Draw)

훅처럼 심하진 않으나 오른쪽에서 왼쪽으로 가볍게 휘는 샷

디보트(Divot)

타구 때, 클럽에 의해 팬 잔디. 팬 흔적으로 움푹 들어간 곳은 디보트 마크라고 한다. 플레이 후에는 스루 더 그린에서 팬 잔디를 바로 원위치에 놓고 밟아서 원상으로 회복시켜야 한다.

뒤땅

헤드가 공에 먼저 맞지 못하고 공 뒤의 땅을 치는 것이다.

딤플(Dimple)

공 표면에 동그랗게 패인 홈. 공에 따라 딤플의 수나 크기, 늘어선 모양이 다르며 딤플의 형태에 따라 떠올리는 힘이나 방향성도 크게 달라진다.

ㄹ

라이(Lie)

낙하된 공의 위치나 상태. 클럽 헤드와 클럽 샤프트의 각도를 말하기도 한다.

라인(Line)

목표물에 공을 보내기 위해 정해 놓은 송구선이다.

라인 업(Line Up)

퍼팅할 때 공과 홀을 연결하는 선을 말한다.

랑거 그립(Langer Grip)

복부에 그립의 끝을 대고 하는 스트로크 형태다.

리딩 에지(Leading Edge)

솔과 페이스 면의 접착 면이다.

러프(Rough)

풀이나 나무가 무성한 곳. 그린과 해저드를 제외한 코스 내 페어웨이 이외의 지역이다.

러닝 어프로치(Running Approach)

어프로치 샷의 한 방법. 비교적 로프트가 적은 아이언으로 공을 멀리 굴려서 홀에 접근시키는 방법이다.

레이 업(Lay Up)

공을 그린 가까운 거리에 의도적으로 도달시키고 나서 그린을 공략하는 방법. 그린까지 공을 한 번에 보내기 어려울 때나 해저드가 있을 때 쓰는 방법이다.

로브(Lob)

높게 천천히 날아가는 타구. 백 스핀과 추진력이 적어서 그린에 떨어진 뒤 굴러가지 않는다.

로컬 룰(Local Rule)

개별 골프장이 자체적으로 정한 규칙을 말한다.

로프트(Loft)

클럽 페이스의 경사 또는 각도다.

롱 아이언(Long Iron)

1, 2, 3번 아이언. 샤프트가 길고 로프트가 낮아 다루기가 힘든 반면에 비거리가 긴 편이다.

리플레이스(Replace)

규칙에 따라 주워 올린 공을 본래 자리에 놓는 것이다.

릴리스(Release)

내리치는 손의 힘을 빼고 임팩트의 헤드 스피드를 가속시키는 동작을 말한다.

ㅁ

매시(Mashie)
5번 아이언 정도의 로프트를 갖는 클럽이다.

미드 매시(Mid Mashie)
4번 아이언를 말한다.

미디엄 아이언(Medium Iron)
미들 아이언으로 4, 5, 6번 아이언을 말한다.

ㅂ

바든 그립(Vardon Grip)
오버 래핑 그립. 영국의 명 골퍼 해리 바든(1870~1937)에 의해 창안된 방법
이다.

바운스(Bounce)
공이 튀는 것.

백 스윙(Back Swing)
클럽을 후방으로 들어 올리는 동작.

백 스핀(Back Spin)
공에 역회전이 생겨 공을 떠오르게 해 그린에서 딱 멈추게 하는 것. 언더
스핀이라고도 한다.

버디(Birdie)
한 홀의 규정 타수보다 하나 적은 타수로 홀인하는 것.

벙커(Bunker)
주위보다 깊거나 표면의 흙을 노출시킨 지역 또는 모래로 된 장애물. 크로스 벙커, 사이드 벙커, 그린 벙커가 있다.

벙커 샷(Bunker Shot)
벙커 안에 떨어진 공을 그린이나 페어웨이로 쳐내는 것을 말한다.

보기(Bogey)
파보다 하나 더 친 타수로 홀인하는 것이다.

보기 플레이어(Bogey Player)
1라운드 90 전후의 골퍼. 애브리지 골퍼라고도 말한다.

브래시(Brassie)
2번 우드. 드라이버보다 1인치 정도 짧고 조금 무거우며 로프트가 많다.

베이스 볼 그립(Base Ball Grip)
야구 그립을 잡은 형태로 쥐는 그립. 주로 나이가 어리거나 힘이 약한 골퍼들이 쥐는 그립의 형태다.

비거리
공이 날아간 거리

블로(Blow)
공을 힘차게 치는 타법

ㅅ
사이드 블로(Side Blow)
공의 옆을 쳐서 튕겨 보내듯이 치는 타법.

사이드 스핀(Side Spin)

공이 옆으로 회전하는 것. 우회전을 하면 슬라이스, 좌회전을 하면 훅의 원인이 된다.

샌드 웨지(Sand Wedge)

주로 모래 벙커 샷에 쓰는 아이언이다.

생크(Sank)

샷을 할 때 공이 클럽 샤프트의 목 부분에 맞는 미스 샷을 말한다.

샤프트(Shaft)

클럽 헤드와 그립을 연결하는 막대기 부분.

샷(Shot)

클럽으로 공을 치는 것. 퍼터로 공을 치는 것은 퍼팅이라고 한다.

세트 업(Set Up)

공을 치기 위해 자세를 잡는 어드레스 동작이다.

솔(Sole)

클럽 헤드에서 지면과 닿는 부분이다.

쇼트 게임(Short Game)

그린 위나 주위에서 하는 샷 플레이

쇼트 아이언(Short Iron)

7, 8, 9번 짧은 아이언의 총칭. 샤프트 길이가 중간 정도이고 로프트가 적절히 커 다루기가 비교적 쉽다.

쇼트 어프로치(Short Approach)

가까운 거리에서 홀에 붙이는 방법. 웨지의 최대 비거리 이내의 거리에서 힘 조절에 의한 테크닉이 필요한 경우에 쓰인다.

스냅(Snap)

손목 꺾기 동작. 클럽이 공에 닿는 순간 힘을 최대한 전달하고 공의 방향을 조절한다.

스웨이(Sway)

스윙할 때 몸 중심선을 좌우로 흐트러뜨리는 몸놀림이다.

스위트 스폿(Sweet Spot)

클럽 페이스의 중심점

스윙(Swing)

클럽을 휘두르는 동작

스윙 밸런스(Swing Balance)

클럽의 무게 중심을 조절하는 것. 자신의 기량이나 습성에 맞게 조절한다.

스윙 플레인(Swing Plain)

스윙 때 클럽, 손, 팔, 엉덩이 등의 궤적. 스윙 포물선과 함께 스윙을 좌우한다.

스리 쿼터 스윙(Three Quarter Swing)

풀 스윙의 바로 전 단계. 하프 스윙보다 조금 더 진보된 단계다.

스트로크(Stroke)

클럽으로 공을 치는 타격 동작

스탠스(Stance)
공을 향해 두 발의 위치를 정하고 타구 자세를 취하는 것

스퀘어 스탠스(Squre Stance)
양쪽 발끝이 비구선과 평행하게 발의 위치를 정하는 것

스폿(Spot)
그린 위에서 공 위치를 표시하는 것으로 공 뒤에 동전 등 마크를 놓는다.

스핀(Spin)
임팩트 후 공에서 생기는 회전

스팀프 미터(Stimp Meter)
그린의 빠르기를 재는 기구

스틸 샤프트(Steel Shaft)
손잡이와 헤드를 연결해 주는 부분

슬라이스(Slice)
공이 오른쪽으로 꺾여 전체적으로 비구선보다 오른쪽으로 심하게 휘는 것
이다.

스탠더드 스윙(Standard Swing)
가장 일반적이고, 이상적인 스윙의 형태

스트롱 그립(Strong Grip)
뉴트럴 그립보다 시계 방향으로 돌려 잡는 그립으로 최근에는 비거리를 내
기 위한 그립으로 많이 사용한다(= 훅 그립).

ㅇ

아웃사이드(Outside)
어드레스 때 플레이어가 서 있는 방향에서 공 오른쪽 지역

아웃사이드 인(Outside In)
타구 때 클럽 헤드가 공이 날아가는 선의 바깥쪽에서 안쪽으로 비스듬히 들어가는 것을 말한다(=아웃 인 스윙).

아크(Arc)
스윙의 호, 궤도

오비(Out Of Bounds)
플레이 구역을 벗어난 지역으로 1벌타가 부여된다.

아이언(Iron)
헤드 부분을 금속으로 만든 클럽

어드레스(Adress)
스윙을 하려고 발의 위치를 정하고 공에 클럽 페이스를 겨누는 것이다.

어퍼 블로(Upper blow)
드라이버가 스윙의 맨 밑 지점을 통과한 후 타면의 각도가 위로 향할 때 공을 맞추는 타법이다.

어프로치(Approch)
가까운 거리에서 핀을 명중시켜 치는 샷으로 100야드부터 그린 가장자리까지 거리는 다양하다.

언더 스핀(Under spin)
공의 아래쪽을 깎아서 공이 역회전하게 치는 것

언더 파(Under par)
규정 타수보다 적은 스코어

언듈레이션(Undulation)
코스의 높고 낮은 기복 또는 굴곡으로 오르막과 내리막의 변화가 심할 때는 업 앤드 다운(Up And Down)이라고 한다.

업라이트 스윙(Upright swing)
스윙의 궤도가 지면과 수직에 가깝게 하는 스윙

업라이트 힐(Upright hill)
올라가는 경사가 급한 홀의 언덕

업 힐(Up hill)
홀의 고저가 그린에 가까울수록 높게 되어 있을 때 부르는 말

에지(Edge)
홀, 그린, 벙커 등 가장자리 또는 끝

에임(Aim)
목표 방향으로 자세를 취하는 것

오버 스윙(Over Swing)
스윙의 톱 동작에서 필요 이상으로 클럽을 치켜드는 것

오버 스핀(Over Spin)
공의 회전이 위에서 아래로 걸리는 것으로 오버 스핀이 걸리면 공이 착지 후 많이 구른다.

오버 래핑 그립(Over Lapping Grip)

오른쪽 새끼손가락을 왼쪽 둘째 손가락의 관절과 맞물리게 하는 그립. 가장 흔한 그립 방법으로 영국의 바든이 고안했다 해서 바든 그립이라고도 한다.

오픈 스탠스(Open Stance)

오른발을 왼발보다 조금 공 쪽으로 내놓고 목표를 향해 취하는 어드레스 자세

오픈 페이스(Open Face)

클럽 페이스와 공이 직각이 되게 어드레스하고 스윙하는 것

온 그린(On Green)

공을 그린(Green) 위에 올려놓는 것

왜글(Waggle)

테이크 백을 하기 전에 손목으로 클럽을 가볍게 흔들어 주는 동작. 스윙의 감각을 살리거나 스윙에 탄력을 붙이는 준비 동작으로 근육의 긴장을 풀어 주는 효과가 있다.

우드(Wood)

목재를 가진 클럽

웨지(Wedge)

어프로치용 아이언으로 클럽 페이스가 넓고 로프트가 크며 솔이 넓어 공의 역회전과 띄우기가 쉽게 설계되었다.

이글(Eagle)

한 홀에서 파보다 2타수 적은 스코어

인사이드 아웃(Inside Out)

클럽 헤드를 공의 비행선 안쪽에서 공에 닿게 바깥쪽으로 스윙하는 것

인터 로킹 그립(Inter Locking Grip)

오른손 새끼손가락과 왼손의 두 번째 손가락을 겹쳐 죄어 쥐는 그립법이다. 손이 작은 사람이나 비교적 힘이 약한 사람에게 적당하다.

임팩트(Impact)

클럽 헤드가 공을 가격하는 순간

입스(Yips)

쇼트 퍼팅 시 손이나 손목 근육에 영향을 주는 불안정한 컨디션

엑스팩터(X-factor)

백스윙 시 허리의 회전각과 어깨의 회전각 사이의 갭. 이 값의 수치가 높을수록 유연성이 좋은 골퍼다.

역체중 이동 체중

체중이 이동이 되지 못하는 현상으로 백스윙할 때 상체가 뒤집히는 것을 말한다(= 리버스 피봇).

ㅈ

잠정구(Provisional Ball)

타구가 워터 해저드 이외에서 분실 또는 아웃 오브 바운즈(Out Of Bounds)될 염려가 있을 때 그 결과를 확인하기 전에 잠정적으로 치는 공

ㅊ

칩(Chip)
비교적 낮은 탄도의 짧은 어프로치 샷

칩 샷(Chip Shot)
어프로치 샷의 일종으로 극히 단거리에서 핀으로 치는 샷

칩 앤드 런(Chin And Run)
4, 5번 아이언처럼 작은 로프트를 가진 클럽으로 치는 샷으로 그린의 가장자리나 러프에서 주로 사용한다.

ㅋ

크로스 핸드 그립(Cross Hand Grip)
왼손과 오른손의 위치를 바꾸는 그립법으로 방향성이 좋다.

캐리(Carry)
공이 날아간 거리

컵(Cup)
그린 위에 있는 홀

코스(Course)
경기가 허용되는 모든 지역으로 스루 더 그린, 해저드, 티잉 그라운드, 퍼팅 그린 등이 있다.

클럽페이스(Club Face)
실제로 공을 치는 타구 면으로 클럽의 종류에 따라 모양이 다양하다.

클럽헤드(Club Head)
클럽의 타구 면과 바닥 면을 포함한 부분이다.

클로즈 스탠스(Close Stance)
왼쪽 발을 오른쪽 발보다 의도한 선에 가까이 두는 어드레스 자세

코킹(Coking)
백스윙 시 왼쪽 손목을 꺾는 동작으로 비거리를 내는 중요한 요소다.

E

타이밍(Timing)
스윙에서 몸동작의 연속된 움직임

톱볼(Top Ball)
클럽 바닥이나 리딩 에지로 공 중앙의 윗부분을 치는 샷으로 토핑(Topping)
이라고도 한다.

톱스윙(Top Swing)
백스윙의 최정점이자 다운스윙의 시발점이 되는 일련의 동작이다.

테이크 백(Take Back)
백 스윙을 하기 위해 클럽을 뒤로 빼는 동작

토(Toe)
클럽 헤드의 끝부분으로 스탠스에서는 선수의 발끝을 말한다.

토핑(Topping)
공의 중심보다 윗부분을 치는 것이다. 친 공은 낮게 날거나 지면에 떨어져
구르는 경우가 많다. 초보자에게서 많이 볼 수 있는 미스 샷의 하나로 주

로 헤드업(Head Up)이 원인이다.

트러블 샷(Trouble Shot)

어려운 상황에서 하는 샷이다. 스윙하기 어려운 장소, 샷을 하기 어려운 공의 라이, 타구 방향에 장애물이 있을 때 하는 샷을 말한다.

티(Tee)

드라이버 샷을 하기 위해 공을 올려놓는 나무못 또는 한 홀을 시작하는 지역이다. 티 그라운드라고도 한다.

티 그라운드(Tee Ground)

각 홀의 공을 처음 치는 구역이다.

티 마크(Tee Mark)

티의 구역을 정하기 위해 전방의 양측에 놓인 두 개의 표식이다.

티샷(Tee Shot)

티에서 공을 치는 것. 보통 티 업하고 친다.

티 업(Tee Up)

티 그라운드에서 제1타를 치기 위해 공을 티에 올려놓는 일

티 오프(Tee Off)

첫 홀에서 공을 처음으로 치는 것

ㅍ

파(Par)

티 그라운드를 출발해서 홀을 마치기까지 정해진 기준 타수. 거리에 따라 파5(롱 홀), 파4(미들 홀), 파3(쇼트 홀)로 구별한다.

팔로 스루(Follow-through)

공을 친 후 공의 진행 방향으로 손을 내밀어 탄력을 최대화하는 스윙의 연속 동작 중 마무리 단계

페이스(Face)

클럽의 타구면

퍼터(Putter)

단거리용 굴림 전용 클럽. 퍼터의 헤드 모양에 따라 T형, D형, L형으로 부른다.

풀스윙(Full swing)

스윙의 7단계인 어드레스, 백스윙, 톱스윙, 다운스윙, 임팩트, 팔로 스루, 피니시가 모두 이루어진 스윙의 동작을 말한다.

플라잉(Flying)

백스윙 시 오른쪽 팔꿈치가 들려서 스윙 동작에 오류가 발생하는 현상이다.

퍼트(Putt)

그린에서 퍼터로 공을 홀에 넣기 위해 스트로크하는 것이다.

퍼팅 라인(Putting Line)

그린 위의 공과 홀인을 위해 예상되는 홀컵 사이의 선이다.

페어웨이(Fairway)

티 그라운드와 그린 사이의 잔디가 짧게 깎인 지역을 말한다.

페이드(Fade)

슬라이스처럼 심하진 않지만, 공이 떨어지기 직전에 속도가 둔해지면서 오른쪽으로 휘는 것

페이드볼(Fade ball)
공이 떨어지기 직전에 속도가 둔해지면서 오른쪽으로 휘는 공

풀(Pull)
오른손잡이인 사람이 공을 끌어당겨 쳐 목표보다 왼쪽으로 공이 나간 경우

프리 샷 루틴(Preshot Routin)
샷을 하기 전의 일련 동작으로 핸디가 낮은 골퍼일수록 일련 동작이 일정하다.

프린지(Fringe)
그린의 주변

플랫 스윙(Flat Swing)
수평에 가까운 스윙

플레이 오프(Play Off)
라운드가 끝난 뒤에도 승부가 나지 않을 때 승부를 가리기 위한 연장전

피치(Pitch)
로프트가 큰 클럽으로 높이 띄워서 공이 빨리 멈추게 하는 하이 어프로치

피치 샷(Pitch Shot)
아이언으로 공에 백스핀을 가해 높이 쳐올려서 목표 지점에 착지한 후 거의 구르지 않고 정지하게 치는 타법

피치 앤드 런(Pitch And Run)
공을 낮게 띄워서 더 많이 굴러가게 의도적으로 하는 어프로치 샷

피칭 웨지(Pitching Wedge)
피칭 샷 용도로 만들어진 웨지. 로프트도 크고 무겁다.

핀(Pin)
홀에 꽂힌 깃대

핑거 그립(Finger Grip)
야구 배트를 쥐는 것처럼 양 손가락으로 클럽을 감아쥐는 그립법

피니시(Finish)
스윙의 마무리 자세

피봇(Pivot)
테이크 백을 하면서 진행하는 허리 회전, 허리 틀기

ㅎ

하이피니시(High Finish)
팔꿈치가 어깨 높이에서 꺾이면서 뒤로 넘어가는 것

하프 샷(Half Shot)
백스윙을 절반 정도만 하는 타구 동작으로 거리에 따라 조정하는 샷.

하프스윙(Half Swing)
풀스윙의 반 정도로 힘을 줄여서 하는 스윙

해저드(Hazard)
모래 웅덩이, 연못과 같이 경기의 원활한 진행을 어렵게 하는 코스 내의 장애물

핸드 퍼스트(Hand First)
어드레스 시 클럽의 헤드보다 양손이 앞에 있는 것

핸디캡(Handiap)
각자 다른 기량의 골퍼들이 같은 조건에서 경기할 수 있게 약한 사람의 스코어에 타수를 감하는 것. 오피셜(Official)과 프라이비트(Private)가 있다.

홀(Hole)
그린에 만들어 놓은 구멍. 깃대가 꽂혀 있으며, 18개 단위 코스를 의미한다.

홀 아웃(Hole Out)
한 홀의 플레이를 마치는 것

홀인원(Hole In One)
티 그라운드에서 1타로 공이 홀에 들어가는 것

훅(Hook)
시계 반대 방향으로 도는 공의 회전, 오른쪽에서 왼쪽으로 휘어지는 구질

훅 그립(Hook grip)
스트롱 그립과 같다.

헤드 업(Head-up)
임팩트를 보지 못하고 시선을 목표 방향으로 미리 들어 올리는 현상

골프장 에티켓

1. 티오프 시간 최소 30분 전에 도착

티오프 5~10분 전 티잉 그라운드 도착해서 샷을 할 준비를 해야 합니다. 클럽하우스에는 최소 30분 전에 도착해서 옷을 갈아입고 클럽 세팅하고 몸 푸셔야 합니다.

2. 복장 규정 숙지

골프 복장 규정은 거의 같지만 골프장마다 복장 규정이 조금씩 다른 부분이 있습니다. 라운드 전에 해당 골프장의 복장 규정을 홈페이지를 통해 꼭 확인하시는 것이 좋습니다. 예를 들어 골프장에 따라 골프복이라고 해도 반바지를 허용하지 않는 곳도 있습니다. 기본 골프 복장은 골프복 상하의, 골프화, 모자 착용이 기본입니다.

3. 라운드 시 경기보조원(캐디)의 진행에 적극 협조하기

라운드 시 캐디의 안내에 적극적으로 협조해야 하고, 샷을 할 때 샷하는 사람보다 항상 뒤에 있어야 합니다.

4. 자기 순서가 될 때까지 티 박스에 올라가지 않기

자기 순서 전에 티 박스에 올라가면 다칠 위험도 있고, 다른 일행의 샷에 방해가 됩니다. 자기 순서 전에는 티 박스에 올라가지 말아야 합니다.

5. 분실 볼이 생길 시를 대비해 예비 볼을 미리 준비하기

초보자일수록 한 홀당 공을 최소 1~2개는 잃어버린다고 생각하고, 여유 있게 20~30개 정도 챙겨두는 것이 좋습니다. 홀 라운딩할 때 공을 1~2개는 주머니에 예비로 넣어서 가지고 다니면 좋습니다.

6. 자기 순서에 바로 플레이 할 수 있도록 항상 준비하고 있기

자기 순서에 샷을 할 수 있도록 그 전에 에임과 코스공략을 하고, 그에 맞는 거리 계산, 그에 맞는 클럽, 공 그리고 장갑을 착용하고 준비하고 있으면 원활한 플레이가 가능합니다. 오히려 어드레스와 샷을 할 수 있는 시간이 더 생겨 스코어 줄이는 데 도움이 됩니다.

7. 원볼 플레이를 원칙

항상 1인 1볼 플레이입니다. 공이 죽어서 세로 쳐야 히기나 죽었는지 몰라 잠정구로 쳐야 할 상황이 아니라면 공 1개로 플레이를 해야 합니다.

8. 코스 내 전 지역 금연

두말하면 잔소리입니다! 코스 내 금연입니다.

9. 티샷은 꼭 티박스에서 하기

첫 티샷을 할 때는 꼭 티박스에서 해야 합니다. 가끔 티박스가 아닌 앞으로 이동해서 치는 분들이 계실 수 있는데요. 티박스에서 꼭 티샷을 해주세요.

10. 동반자가 샷을 할 때 정숙하기

골프 동반자가 샷을 할 때는 꼭 조용해야 합니다. 동반자가 티박스에 들어가서 어드레스할 때부터 샷을 할 때까진 정숙해주는 것이 골프 에티켓 중에서 가장 중요한 에티켓입니다.

11. 동반자와 속도 맞추어 플레이하기

골프가 자신과의 싸움이기는 하지만 동반자와 함께 걷고, 이야기를 나누는 것이 좋습니다. 만약 내가 빠르다고 먼저 나간다고 하더라도 결국엔 동반자 모두가 홀 아웃을 해야 다음 홀로 이동하기 때문에 속도를 맞춰서 플레이를 하는 것이 바람직합니다.

12. 코스 입장 시 외부 음식물 반입 금지

라운드할 때 음료와 간단한 에너지바 정도는 괜찮지만 조리된 음식 등의 음식물은 반입하지 않는 것이 좋습니다.

13. 볼은 홀에서 가장 먼 사람부터 치기

골프장 가면 캐디가 말씀드리겠지만 볼은 항상 제일 뒤에 있는 볼부터 치게 됩니다.

14. 티샷 후 본인의 티는 반드시 회수하기

티박스에서 샷을 한 후 본인 티는 꼭 회수하고 만약 동반자가 쓴다고 하면 동반자가 사용 후 꼭 회수하면 됩니다.

15. 코스 내 로프 친 곳으로 들어가지 않기

코스 내 로프 친 곳은 페널티 구역(OB 또는 해저드)이므로 험 지역이 있습니다. 만약 죽은 공을 찾기 위해 로프 친 곳으로 들어가야 할 상황이라면 캐디에게 꼭 확인하고 안전을 생각해야 합니다.

16. 코스 입장 시 핸드폰은 진동으로 전환하기

핸드폰은 꼭 진동으로 해주세요.

17. 볼을 치고 난 후 생긴 잔디 뭉치는 제자리에 놓고 밟아주기

티박스에서는 티를 꽂아 놓고 샷을 해서 잔디가 패이지 않지만, 세컨 또는 써드샷할 때 아이언으로 치는 경우 디봇이 발생해서 잔디가 패였다면 패인 잔디를 제자리에 놓고 발로 꾹꾹 밟아줘서 잔디 상태를 유지해주는 것이 좋습니다.

18. 앞 팀이 안전거리에서 벗어날 때까지 볼 치지 않기

가장 중요한 에티켓 중의 하나입니다. 골프장에서 공이 어떻게 날라오는지 예측할 수 없는 경우가 있기 때문에 반드시 공은 앞 팀이 사정거리에서 벗어나기 전에 샷을 하면 안 됩니다. 사정거리라고 함은 개인 거리마다 다르지만, 최소 250~300m 정도 간격을 유지하거나 앞 팀이 홀아웃해서 다음 홀로 이동했을 때 샷을 하면 됩니다.

19. 동반자 전원이 홀 아웃할 때까지 기다렸다가 그린 밖으로 나가기

그린에서 동반자 전원이 홀아웃하면 그때 같이 그린 밖으로 이동하는데, 날씨가 많이 더워 체력이 방전된 경우 혹은 몸의 이상 반응이 있어 쉬어야 할 경우 카트로 돌아가서 쉴 수 있습니다.

20. 사람이 맞을 것 같은 방향으로 볼이 가면 "볼"이라고 크게 외치기

미스 샷이 발생해서 볼이 옆 홀로 이동하거나 사람이 있는 쪽으로 날아갈 경우 사람들이 들을 수 있도록 큰 소리로 "볼!"이라고 외쳐야 합니다.

21. 벙커에서 나올 때 자신의 발자국을 고치고 들어왔던 길로 나오기

공이 벙커에 빠져서 샷을 한 경우에는 벙커에서 나올 때 벙커를 정리하는 도구로 발자국 및 공 자국을 깔끔하게 정리하고 나와야 합니다.

22. 동반자가 퍼팅할 때 그 연장선상에서 서거나 그림자 비추지 않기

동반자가 퍼팅할 때는 퍼팅에 방해되지 않게 퍼팅라인을 방해할 곳에 서 있거나 그림자를 비추지 않도록 해야 합니다.

23. 그린에서 퍼터를 잡고 기대어 서 있지 않기

그린에서 퍼터를 잡고 기대어 서 있으면 그린이 패여서 잔디 상태가 안 좋아지기도 하고 다른 팀이 온 그린에서 퍼팅 시 피팅라인에 잡히면 퍼팅에 어려움이 있을 수 있습니다.

24. 상대방의 퍼팅라인을 밟지 않기

동반자의 공과 홀 사이의 퍼팅라인은 밟지 않아야 합니다. 퍼팅 시 동반자들은 퍼팅라인을 뛰어넘지 않고 동반자 뒤로 돌아서 가야 합니다.

25. 라운드가 끝나면 자신의 클럽 수가 맞는지 꼭 확인하기

라운드가 끝나면 스코어 확인 및 본인의 클럽 및 다른 장비들이 모두 있는지 확인해야 합니다. 집에 와서 장비가 없다고 하는 경우 보상이 안 됩니다.

유튜버 행복골프 전코치의

한 달 만에 필드 나가기 프로젝트

제1판 1쇄 2023년 6월 7일

지은이 전은규

펴낸이 최경선 **펴낸곳** 매경출판(주)

기획제작 ㈜두드림미디어

책임편집 이향선 **디자인** 얼앤똘비악earl_tolbiac@naver.com

마케팅 김성현, 한동우, 구민지

매경출판㈜

등록 2003년 4월 24일(No. 2-3759)

주소 (04557) 서울시 중구 충무로 2(필동1가) 매일경제 별관 2층 매경출판㈜

홈페이지 www.mkbook.co.kr

전화 02)333-3577

이메일 dodreamedia@naver.com(원고 투고 및 출판 관련 문의)

인쇄·제본 ㈜M-print 031)8071-0961

ISBN 979-11-6484-574-3 (13690)

책 내용에 관한 궁금증은 표지 앞날개에 있는 저자의 이메일이나 저자의 각종 SNS 연락처로
문의해주시길 바랍니다.

책값은 뒤표지에 있습니다.
파본은 구입하신 서점에서 교환해드립니다.